# EXPERIMENTOS CIENT[...]
## fuerza y movimiento

everest

# fuerza y movimiento

# INTRODUCCIÓN

*Las fuerzas hacen que los cuerpos empiecen a moverse, cambien su forma de moverse o se detengan. Incluso cuando estás quieto, hay fuerzas que te empujan y tiran de ti. En estas páginas veremos cómo actúan las fuerzas.*

E l mundo que nos rodea está en continuo movimiento, que en parte percibimos: los coches circulan, las nubes se mueven y el agua fluye por los ríos, pero otros movimientos pasan inadvertidos. Cuando estás sentado en una habitación parece que todo esté en reposo, pero las partículas de los átomos que conforman la habitación o tu cuerpo no dejan de moverse. La propia habitación está en un planeta que gira sobre su eje y orbita alrededor del Sol, mientras el universo se expande sin parar. Los científicos llaman dinámica al estudio de todos esos tipos de movimiento.

Las fuerzas son las causas de los cambios en la velocidad o la dirección del movimiento. Las máquinas han servido durante miles de años para aumentar o cambiar la dirección de una fuerza, permitiendo realizar ciertas tareas. Las rampas, palancas, puentes y poleas son ejemplos de máquinas sencillas. Podrás ver cómo funcionan de la Actividad 6 a la 9.

## PRIMEROS DESCUBRIMIENTOS

Sólo en los últimos 500 años se ha entendido el funcionamiento de las máquinas. En la antigua Grecia,

● *La foto superior está tomada con exposición larga para captar la velocidad del tráfico en Taipei, Taiwán. A medida que descubrimos nuevos medios de controlar las fuerzas, incrementamos el ritmo de nuestras vidas.*

el filósofo Aristóteles pensó que un cuerpo sólo se movía si era empujado o arrastrado por una fuerza, y que, cuando ésta dejaba de actuar, el cuerpo se paraba. Sin embargo, eso no explicaba los fenómenos del mundo real.

En el siglo XVII, el científico italiano Galileo Galilei supo explicar esos fenómenos. Advirtió que, cuando un cuerpo aceleraba o desaceleraba, era porque una serie de fuerzas actuaban sobre él. Una piedra se mueve porque alguien la lanza y, al moverse, la gravedad la atrae hacia el centro de la Tierra y la resistencia del aire se opone a su avance. Galileo advirtió que, sin esas fuerzas, la piedra seguiría moviéndose en línea recta y formuló la teoría de que las fuerzas que actuaban sobre los cuerpos los aceleraban o desaceleraban siempre que no se anularan entre ellas.

Basándose en las ideas de Galileo, el científico inglés Isaac Newton descubrió tres leyes que explicaban cualquier movimiento. Fueron publicadas en su libro *Principios matemáticos de la filosofía natural* (conocida como *Principios*). Las dos primeras leyes recogían las ideas de Galileo, y la tercera ley establecía que, si se ejercía una fuerza sobre un cuerpo, aparecía otra fuerza de igual magnitud, opuesta a la primera. Entenderás mejor estas leyes cuando hagas la lancha motora de la Actividad 1 y estudies por qué flotan ciertos cuerpos en la Actividad 10.

● *Isaac Newton publicó sus Principios en 1687. El primer tomo contenía las tres leyes sobre el movimiento.*

Newton también explicó en detalle cómo la fuerza de gravedad atraía a los cuerpos hacia masas enormes como la terrestre. Podrás ver algunos efectos inusuales de la gravedad cuando hagas los péndulos de las actividades 4 y 5.

## NEWTON EN ENTREDICHO

Cuando los científicos comenzaron a profundizar en el conocimiento del átomo y del movimiento de los cuerpos, descubrieron que las leyes de Newton planteaban problemas. A principios del siglo xx, el científico alemán Albert Einstein describió cómo se movía la luz en su teoría de la relatividad. Sus investigaciones demostraron que las leyes de Newton no podían aplicarse a cualquier tipo de movimiento. Las teorías de Einstein definieron el movimiento de los planetas, las estrellas, las galaxias y el universo.

Otros científicos, como el alemán Max Planck, desarrollaron la teoría cuántica para explicar la forma en que se movían las partículas del átomo. Uno de los mayores desafíos científicos actuales es encontrar una teoría que relacione todas estas fuerzas. Se la llama "Teoría de la gran unificación" (TGU), y está por descubrir.

## La guía de la buena ciencia

*La ciencia no es sólo una colección de hechos, sino el proceso que los científicos usan para recopilar información. Sigue esta guía de la buena ciencia para obtener lo máximo de cada experimento.*

• Realiza cada experimento más de una vez. Eso impide que los errores accidentales sesguen los resultados. Cuantas más veces realices un experimento, más fácil te será comprobar si tus resultados son correctos.
• Decide cómo registrarás tus resultados. Hay una gama de distintos métodos a tu disposición, como descripciones, diagramas, tablas y gráficos. Elige métodos que los hagan fáciles de leer y de entender.
• Asegúrate de registrar los resultados mientras realizas el experimento. Si unos resultados parecen muy diferentes de otros podría deberse a un problema del experimento que debes solucionar.
• Dibujar un gráfico con tus resultados ayuda a llenar los huecos del experimento. Imagínate, por ejemplo, que registras el tiempo en la parte inferior de un gráfico contra la temperatura que recoges en vertical, a un lado. Si mides la temperatura diez veces, la llevas sobre el gráfico en forma de puntos y luego unes éstos mediante una recta trazada con una regla, puedes estimar lo que ha sucedido entre cada punto, es decir, entre cada medida: para ello eliges un punto cualquiera de la línea y lees el tiempo y la temperatura que le corresponden en ambos lados del gráfico.
• Aprende de tus errores. Algunos de los descubrimientos más importantes de la ciencia proceden de resultados inesperados. Si tus resultados no se corresponden con tus predicciones intenta averiguar por qué.
• Ten cuidado cuando llevas a cabo o preparas un experimento, sea peligroso o no. Asegúrate de que conoces las normas de seguridad antes de empezar a trabajar.
• No empieces nunca un experimento hasta que le hayas explicado a un adulto lo que piensas hacer.

# EN MARCHA

*Cuando despega una lanzadera espacial, la fuerza de sus motores es tan colosal que toda la lanzadera es enviada al espacio. La influencia de las fuerzas sobre el movimiento de un cuerpo depende de tres sencillas leyes.*

Las tres leyes de Newton sobre el movimiento explican cómo se mueven los objetos cotidianos. Hoy sabemos que esas leyes no siempre se pueden aplicar (las partículas menores que los átomos, por ejemplo, parecen seguir otras leyes), pero explican la mayoría de los movimientos. Gracias a ellas se pudo mandar una nave al espacio y llegar a la Luna.

La primera ley de Newton afirma que, si un cuerpo no es empujado o atraído por una fuerza,

● *Una lanzadera despega del Centro Espacial Kennedy, de Florida, propulsada por el chorro de gas ardiente en que se transforma el combustible de sus tanques.*

permanece en reposo o se mueve en línea recta a velocidad constante. Una lanzadera espacial situada en la plataforma de lanzamiento no se mueve hasta que se encienden sus motores y la impulsan hacia arriba. Esta tendencia de los cuerpos a no cambiar su estado de reposo o movimiento se llama inercia. En el espacio, la inercia llevaría a una nave a moverse eternamente a la misma velocidad si sus motores no aceleraran o desaceleraran. Moverse en la Tierra es algo más complejo: los cuerpos tienen que atravesar el aire o el agua, y eso los lentifica. Además, la gravedad tira de ellos hacia abajo.

La segunda ley de Newton explica cómo aumenta o disminuye la velocidad de un cuerpo cuando una fuerza actúa sobre él, variación que depende de la intensidad de la fuerza y la masa del cuerpo (la masa es la cantidad de materia que el cuerpo contiene). Un coche tiene más masa que una moto, por lo que necesita una fuerza mayor para acelerar o desacelerar.

La tercera ley dice que cada acción conlleva una reacción igual y opuesta. De este modo funciona el transbordador. La explosión de gas ardiente de sus motores es la acción y el movimiento del transbordador es la reacción.

Podrás estudiar las leyes de Newton en la actividad siguiente, construyendo una lancha motora.

*La potencia de las motoras proviene de un conjunto de aletas helicoidales llamado hélice. La hélice empuja el agua hacia atrás, causando una fuerza de reacción que empuja la lancha hacia delante.*

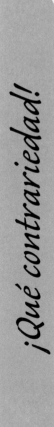

*¡Qué contrariedad!*

Sobre la Tierra los cuerpos móviles deben luchar contra la oposición a su avance del aire o del agua. Esa fuerza se llama resistencia al avance. Muchos barcos, aviones, trenes y automóviles se diseñan con formas suaves que la reducen.

El diagrama inferior muestra un coche en marcha. Al avanzar, empuja el aire, provocando resistencia, lo que significa que necesita más potencia y energía para mantener la velocidad. Un modo de reducir la resistencia es diseñar el coche de tal forma que el aire pase suavemente sobre él. Este diseño se llama aerodinámico.

Muchos animales tienen cuerpos aerodinámicos, en especial los que vuelan, nadan o corren muy deprisa. El agua opone mucha más resistencia que el aire, por lo que los animales acuáticos son los más aerodinámicos de todos. Casi todos los peces tienen cuerpos en forma de torpedos que les permiten deslizarse por el agua con el mínimo esfuerzo. Además sus escamas están recubiertas de una mucosidad que reduce aún más la resistencia al avance.

*La mayoría de los coches tiene formas redondeadas para que el aire pase fácilmente a su alrededor y no oponga mucha resistencia a su avance.*

# Lancha motora

## Objetivos

1. **Demostrar las leyes de Newton sobre el movimiento.**
2. **Estudiar cómo la resistencia y la gravedad influyen en el movimiento.**
3. **Hacer tu propia lancha motora.**

### Vas a necesitar:

- *7,5 cm de tubo de plástico flexible*
- *tope de puerta (de goma). Si no lo encuentras, pide a un adulto que haga un agujero a un corcho de botella.*
- *trozo plano de poliestireno*
- *globos de varios tamaños*
- *bañera, estanque o piscina portátil ¡para que tu motora salga zumbando!*

**1** Inserta el tubo en el agujero del tope o del corcho hasta que llegue casi al otro lado.

**2** Empuja el otro extremo del tubo cerca del borde del trozo de poliestireno. Éste será el casco de tu lancha.

### ¡Zuuum!

La mayoría de los barcos llevan los motores dentro del casco y sus hélices empujan el agua por debajo del barco, lanzándola hacia atrás. Sin embargo, algunas embarcaciones rápidas utilizan motores fueraborda como el tuyo. La más veloz alcanza 515 km/h.

## Seguridad

*Si no tienes el tope de goma con agujero, puedes usar un corcho. Hacer un agujero en él puede ser peligroso, así que pídele ayuda a un adulto.*

**3** Infla un globo pequeño y sujeta el cuello o pon un clip para que no se salga el aire. No lo anudes.

*Resolución de problemas*

*Mi lancha se mueve hacia un lado. ¿Qué hago para que avance en línea recta?*

Puedes controlar la dirección de la lancha moviendo con suavidad el tubo a un lado o a otro. Por ejemplo, si la lancha se mueve hacia la izquierda, desplaza el tubo a la derecha, y viceversa. Si no puedes doblar el tubo, introdúcelo inclinado en el poliestireno, de forma que apunte hacia atrás.

**4** Estira con cuidado la boca del globo sobre el tope de goma. No es fácil, así que ten paciencia. Cuando lo hayas colocado, pinza el tubo para que el aire no se escape.

**5** Dobla el tubo para que apunte hacia atrás. Deja la lancha sobre el agua y abre el tubo. Si dispones de una piscina grande, mide con una regla larga o una cinta métrica el desplazamiento de la lancha. Anota la distancia.

# SEGUIMIENTO (Lancha motora)

**P**uedes tomar dos medidas diferentes en función del espacio del que dispongas. Si la bañera o piscina es pequeña, mide el tiempo que tarda la lancha en alcanzar el otro extremo. Si el espacio es grande, mide la distancia que recorre hasta detenerse.

Este experimento tiene muchas variaciones que te servirían para comparar resultados; éstas son algunas:

Usa varios tamaños de globos y dibuja un gráfico con el tamaño del globo y la distancia recorrida. Mide la anchura del globo antes de hincharlo. Si los globos tienen distintas formas, cuenta las veces que tienes que soplar para inflarlo.

Aumenta el peso de la lancha poniendo monedas encima (recuerda la segunda ley del movimiento: cuanto más pese un cuerpo, más fuerza necesita para moverse).

Repite el experimento doblando el tubo hacia

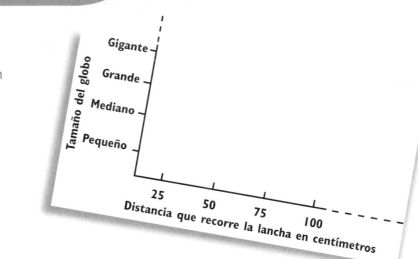

Tamaño del globo:
- Gigante
- Grande
- Mediano
- Pequeño

Distancia que recorre la lancha en centímetros: 25, 50, 75, 100

*Dibuja este gráfico para ver si el tamaño del globo influye en la distancia que recorre la lancha.*

arriba y pegándolo con celo al borde de la lancha. ¿Recorre la misma distancia con el tubo en el aire?

Para estudiar el efecto de la resistencia, pega cuadrados de cartón a la cubierta, de modo que queden derechos para que el aire oponga la mayor resistencia posible. ¿Cuánto se desplaza el barco? Aplica los mismos cuadrados bajo la lancha para ver la resistencia del agua. ¿Se reduce aún más la velocidad?

Si quieres aumentar el recorrido, pon dos globos en lugar de uno, o un globo gigante.

*Un buen método para medir el tamaño del globo es contar las veces que soplas para inflarlo. ¡Tómate un descanso entre globo y globo!*

# ANÁLISIS
## En marcha

En esta actividad has visto que el aire que sale del globo hacia atrás empuja la lancha hacia delante. Es un ejemplo de la tercera ley de Newton, que dice que cada acción tiene una reacción igual y opuesta. El aire que sale del globo es la acción, el movimiento de la lancha en dirección contraria es la reacción. Cuanto más grande es el globo, mayores son las fuerzas y más lejos llega la lancha.

### ¿POR QUÉ SE DESACELERA LA MARCHA?

Habrás notado que la lancha sigue moviéndose cuando el globo se desinfla. Eso se debe a su inercia, lo que demuestra la primera ley de Newton. La lancha sigue moviéndose hasta que una fuerza externa la detiene. Esa fuerza externa es la resistencia del agua. El cambio de velocidad debido a la resistencia demuestra la segunda ley de Newton.

### EMBARCACIONES LENTAS

Todos los cuerpos tienen inercia: tendencia a resistirse a los cambios de movimiento. Cuanto más pese un cuerpo, mayor inercia tendrá, y mayor fuerza se necesitará para moverlo. Cuando cargas la lancha con monedas, aumentas el peso y la inercia, y a la lancha le cuesta más arrancar y parar.

También habrás visto que recorre más distancia si el tubo apunta hacia el agua. Ésta es mucho más densa que el aire, así que el aire del globo tarda más en agotarse y empuja la lancha más tiempo, llevándola más lejos.

Al añadir cuadrados de cartón lentificas la lancha, ya que aumentas su resistencia al aire y sobre todo al agua.

*Los paracaídas disminuyen la velocidad de los cuerpos porque aumentan la resistencia al avance.*

# ACTIVIDAD 2
# ENERGÍA Y MOVIMIENTO

*La energía hace que las cosas ocurran. Es la capacidad de ejercer una fuerza a distancia. Hay muchos tipos de energía: calorífica, luminosa, eléctrica, química… Aquí veremos la de los cuerpos en movimiento.*

Siempre que vas en coche o en bicicleta, te mueves gracias a la energía. El coche la obtiene de la gasolina; la bicicleta, del cuerpo del ciclista. Los científicos han dado un nombre específico a la energía de un cuerpo en movimiento: energía cinética. Cuanto más pesado o más rápido sea el cuerpo que se mueve, más energía cinética tiene. Un reactor tiene muchísima más que una abeja, por ejemplo, porque es más pesado y veloz.

No sólo los cuerpos en movimiento tienen energía. Imagina que empujas una bicicleta cuesta arriba por una colina. Cuando llegas a la cumbre, puedes bajar la cuesta sin pedalear. Has

● *En una carrera de coches sin motor, los conductores usan la energía de la fuerza de gravedad para que el coche corra cuesta abajo. El coche en movimiento tiene energía cinética.*

dado a la bicicleta un tipo de energía llamada potencial: tiene la capacidad de moverse cuando la sueltas. Los juguetes de cuerda tienen también energía potencial. Al darles cuerda, almacenas energía en ellos y, cuando los sueltas, esa energía se transforma en cinética y el juguete se mueve.

La energía es imposible de destruir. Cuando la usas, no desaparece, sólo cambia. Piensa en pedalear cuesta abajo. Cuando la energía potencial se agote, se transformará en energía cinética, haciéndote ir cada vez más rápido. Para parar la bicicleta, tendrás que librarte de la energía cinética, cosa que hacen tus frenos creando rozamiento: rozan contra las ruedas y transforman la energía cinética en calorífica y sonora. Los coches y los trenes también recurren al rozamiento para frenar, pero necesitan más porque su peso es mayor y, por ese motivo, sus frenos hacen mucho más ruido, en especial si se paran de repente.

## COMO UN TROMPO

Si has visto alguna vez girar a una patinadora, habrás notado algo raro. Cuanto más acerca sus brazos al cuerpo, más deprisa gira, sin aplicar ninguna energía cinética extra.

El secreto radica en la distribución del peso. Cuando sus brazos están extendidos, parte de su peso se mueve en un círculo amplio y, aunque la parte central de su cuerpo gira con relativa lentitud, sus manos se mueven más deprisa. Al bajar los brazos, el giro se acelera porque todo su cuerpo rota en un círculo menor.

En la actividad siguiente podrás estudiar este efecto.

La patinadora gira en un círculo amplio trazado por sus brazos; cuanto más los acerque al cuerpo, más deprisa girará.

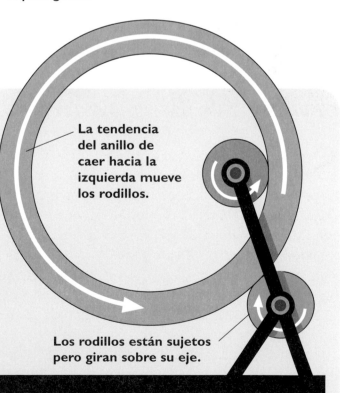

La tendencia del anillo de caer hacia la izquierda mueve los rodillos.

Los rodillos están sujetos pero giran sobre su eje.

## Movimiento continuo

Se ha soñado durante siglos con construir una máquina que se moviera eternamente sin energía, un móvil perpetuo. Es lo que se pretendía, por ejemplo, con el aro descendente (derecha). Al recibir un impulso inicial, el aro cae por la gravedad, pero como su movimiento está limitado por los dos rodillos, sigue girando. Los rodillos deberían mantener ese giro, pero, como ocurre con todas estas máquinas, ¡no funciona! Los rodillos tendrían que moverse sin perder energía cinética, y eso es imposible: el rozamiento convierte parte de esa energía en calor.

# ¡A rodar!

## Objetivos

1. **Transformar energía potencial en energía cinética.**

2. **Ver cómo afecta la distribución del peso a un cuerpo giratorio.**

### Vas a necesitar:

- *dos cilindros idénticos (botes con tapa de algún alimento)*
- *pesas circulares, como monedas o arandelas metálicas*
- *celo*
- *tablero de madera de un metro de largo*

**1** Pega con celo seis pesas a la superficie interior curva del primer cilindro (no las pegues en el fondo ni en la tapa): tres junto a un borde y tres junto al otro.

**2** En el otro cilindro, pega tres pesas en el centro del interior de la tapa (te será más fácil si pegas primero las pesas). Después pega otro grupo de tres al fondo. Tapa ambos cilindros.

**3** Levanta el tablero de un lado (por ejemplo, con libros) unos 30 cm.

**4** Echa a rodar a la vez los cilindros, sin empujarlos (procura que no se salgan del tablero ni se golpeen entre sí).

**5** Cronometra lo que tarda en caer cada uno.

*Resolución de problemas*

*Los cilindros caen demasiado deprisa para cronometrarlos. ¿Qué hago para que caigan más despacio?*

Reduce el ángulo de la rampa, si está menos inclinada caerán más despacio. Lo que a ti te interesa no es lo deprisa que rueden, sino la relación entre sus velocidades.

# SEGUIMIENTO ¡A rodar!

Después de dejar caer los dos cilindros a la vez y ver lo que tarda cada uno en llegar abajo, déjalos caer por la rampa uno a uno. Cronometra sus caídas y escribe los resultados en una tabla (derecha). Repite el experimento variando la inclinación de la rampa.

También puedes cambiar la posición de las pesas: en fila, desde la tapa al fondo del cilindro, o espaciados en la tapa y el fondo. Antes de echar los cilindros a rodar, mira los resultados que ya tienes y trata de predecir qué pasará. Puedes repetir el experimento con distinto número de pesas en cada cilindro.

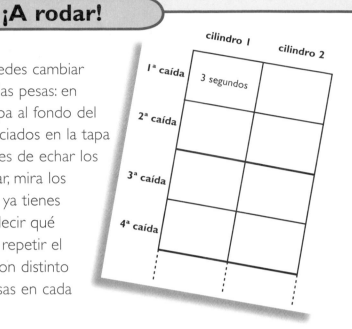

|  | cilindro 1 | cilindro 2 |
|---|---|---|
| 1ª caída | 3 segundos |  |
| 2ª caída |  |  |
| 3ª caída |  |  |
| 4ª caída |  |  |

# ANÁLISIS
## Energía y movimiento

Al principio del experimento ambos cilindros tienen la misma energía potencial, porque pesan igual y caen desde la misma altura; pero no ganan la misma velocidad. Esto se debe a la distribución del peso.

El cilindro con monedas en el centro de la tapa y del fondo rueda más deprisa: el peso está en el centro, por lo tanto, las monedas se trasladan en línea recta. Por el contrario, las del otro cilindro describen círculos, por lo que deben recorrer más distancia. Los dos cilindros tienen la misma energía cinética, y las monedas casi la misma velocidad, pero la diferente posición de éstas afecta a la velocidad de rotación.

Puedes demostrar lo mismo con una silla giratoria. Siéntate y dile a alguien que la haga girar. Extiende los brazos y bájalos lentamente. ¿Supones lo que pasará?

## Energía potencial

La roca de esta foto tiene energía potencial. Aunque no se mueve, sino que está inmóvil en la cima de una colina, puede rodar cuesta abajo si se la empuja. Este tipo de energía potencial se debe a la gravedad, pero hay otras formas de almacenarla. Los juguetes de cuerda, las pilas y las gomas elásticas estiradas también la tienen.

# ACTIVIDAD 3
# EL GIROSCOPIO

*El mundo está lleno de cuerpos que rotan, como ruedas, peonzas y hélices. Hasta la misma Tierra rota. En esta actividad podrás hacer un giroscopio para ver cómo influyen las fuerzas sobre los cuerpos rotatorios.*

Los cuerpos móviles tienden a conservar su dirección y su velocidad. Imagina que empujas un carrito de supermercado. Una vez que el carrito empieza a moverse, es fácil de empujar pero, para que gire, tienes que pararlo y empujar en otra dirección. El carrito tiende a moverse en línea recta: tiene momento lineal.

Ahora imagina que has llenado el carrito. Como pesa más, tiene un mayor momento lineal: resulta más difícil pararlo o girarlo. Si lo empujas hacia un lado, girará sobre sí mismo en lugar de avanzar. Esa tendencia de un cuerpo en rotación a seguir girando (a menos que haya fuerzas, como el rozamiento, que actúen sobre él) se llama momento angular.

Una peonza rota erguida gracias al momento angular. Éste la mantiene en la misma posición con tanta fuerza que la peonza resiste la atracción de la gravedad. Una vez que empieza a perder momento angular, se bambolea y cae. La fuerza

🔵 *Una peonza se mantiene derecha sobre una base muy pequeña porque su movimiento de rotación le proporciona momento angular.*

que suele frenarla es el rozamiento entre su base y el suelo.

El giroscopio es una peonza más compleja. Es un disco que gira sobre sí mismo y cuyo eje de giro, contenido en un conjunto de aros llamado soporte cardánico, puede inclinarse en cualquier dirección. Como la peonza, tiene momento angular: se resiste a cambiar la dirección de su eje de giro. Puedes colocar uno en la punta de tu dedo, y se mantendrá en equilibrio gracias al momento angular. Si intentas volcarlo, su eje se colocará en ángulo recto a la fuerza aplicada, ya que el momento angular trata de resistirse a ella; ese movimiento lateral del eje de rotación del disco se llama precesión. El soporte cardánico del giroscopio puede describir círculos lentos gracias a la precesión provocada por la gravedad.

En las siguientes páginas te convertirás en un giroscopio humano. Una rueda de bicicleta hará las veces de disco, y tu cuerpo será el soporte.

# Giroscopio humano

## Objetivos

1. **Ver cómo el momento angular afecta a los cuerpos que giran sobre su eje.**
2. **Sentir la fuerza de precesión.**
3. **Convertirte en un giroscopio humano.**

### Vas a necesitar:

- *rueda de bicicleta*
- *topes de goma o corchos*
- *silla giratoria*
- *ayudante*

1 Sujeta la rueda por el eje (los vástagos metálicos que unen la rueda a la bicicleta). Si son demasiado pequeños, cúbrelos con corchos o topes, para hacer unas pequeñas agarraderas.

2 Siéntate en la silla giratoria con los pies en el suelo y dile a un amigo que gire la rueda. Ten mucho cuidado de que los radios no te pillen los dedos.

## Satélites rotatorios

En algunos satélites se provoca una rotación deliberada para mantener su estabilidad. Al actuar como grandes giroscopios, tienen menos riesgos de salirse de su trayectoria mientras orbitan alrededor de la Tierra. Los satélites de comunicaciones, que deben permanecer siempre sobre el mismo punto, contienen discos giratorios, los volantes de momento angular. Acelerando o desacelerando, hacen que el satélite gire suavemente.

## Seguridad !

¡Cuidado! Este experimento puede resultar peligroso. Cuando la rueda gire con rapidez, será difícil de parar. No intentes detenerla agarrando el neumático con la mano. Aunque obtendrías una buena demostración de que el rozamiento produce energía calorífica, ¡te quemarías! No pongas las manos en los radios ni cerca de ellos. Para detenerla, déjala en el suelo.

## Piloto automático

Todos los aviones de pasajeros están equipados con un piloto automático que mantiene su trayectoria, siguiendo la ruta elegida por los pilotos. El dispositivo contiene un giroscopio muy sensible que señala siempre en la misma dirección. Si el avión se sale de su ruta, el giroscopio detecta el movimiento y el piloto automático corrige la desviación.

3 Sujetando la rueda en vertical, levanta los pies del suelo. Luego inclina la rueda y observa lo que pasa con la silla.

**Resolución de problemas**

*La silla no se ha movido, ¿por qué?*
Quizá no gire con suavidad. Puedes echarle aceite (pidiendo antes permiso) o probar con otra silla. O pide a alguien que dé un empujoncito a la silla para que empieces a girar. También ayudaría girar la rueda más deprisa o sostener una rueda mayor pero ten cuidado y asegúrate de agarrarla bien.

# SEGUIMIENTO  Giroscopio humano

Con la silla y la rueda puedes hacer muchos otros experimentos. Inclina la rueda en distintas direcciones y diferentes ángulos. Anota lo que ocurre en cada ocasión y en qué dirección se mueve la silla. Te será más fácil si haces dibujos.

Gira la rueda en dirección contraria. ¿Se mueve también la silla en dirección contraria?

Gira antes la silla, y observa el efecto del movimiento de la rueda en la velocidad de la silla. Con práctica, podrás acelerar o desacelerar la silla con distintas inclinaciones de la rueda.

Para investigar aún más la rotación, compra un giroscopio de juguete en una juguetería o un museo de ciencia.

La diferencia principal entre tu rueda de bicicleta y un giroscopio real (aparte del tamaño) es la estructura de aros que rodea el disco central, que te facilitará su sujeción y te permitirá llevar a cabo otros experimentos.

Ata un extremo del giroscopio a un trozo de cuerda y cuélgalo de un sitio seguro, como el borde de una mesa, sin que toque el suelo. Hazlo girar y mira lo que pasa. Como por arte de magia, se

cardán

colocará en ángulo recto con la cuerda, desafiando a la gravedad. Mira con atención y verás algo más: girará lentamente alrededor de la cuerda. Ésa es la llamada precesión, provocada por la fuerza de gravedad.

# ANÁLISIS
## Giroscopio

Has estudiado el movimiento de un giroscopio, haciendo de tu cuerpo y la silla el soporte cardánico.

Al levantar los pies del suelo e inclinar la rueda, la silla habrá empezado a girar. Este movimiento se llama precesión. Tal como un giroscopio se inclina si tratas de cambiar la dirección de su eje de giro, la silla empieza a girar cuando inclinas la rueda. Si has hecho lo mismo inclinando la rueda en la dirección contraria, la silla habrá girado en la dirección contraria.

Para sentir la fuerza de precesión quédate de pie e inclina la rueda. Hazlo primero con la rueda en reposo, después haz que gire e intenta inclinarla; el potente momento angular te lo pondrá muy difícil. La fuerza que tira de tus brazos mientras intentas inclinar la rueda es la misma que causaba la precesión cuando estabas en la silla.

▶ *Esta atracción de feria es un giroscopio gigante. El soporte cardánico no se mueve, pero la persona de su interior gira en todas direcciones.*

Todos los cuerpos que rotan están sometidos a las fuerzas que afectan al giroscopio. El momento angular de la Tierra, por ejemplo, mantiene la inclinación de su eje, una línea imaginaria que une los polos. En el transcurso de un año, la posición de la Tierra cambia porque orbita alrededor del Sol, pero la inclinación de su eje no varía. Sin embargo, la gravedad del Sol y de la Luna causa en la Tierra una precesión muy lenta: a lo largo de miles de años el eje terrestre ha girado levemente apuntando en

realidad a estrellas distintas que siempre se denominan estrella polar; por eso, en la antigüedad, los mismos astros se veían en posiciones algo diferentes.

La fuerza que opone un cuerpo rotatorio a cambiar la dirección de su eje de giro demuestra la primera ley de Newton. Esa ley dice que un cuerpo permanecerá en reposo o moviéndose en línea recta a menos que una fuerza actúe sobre él, y también es aplicable a los cuerpos en rotación: siguen girando si una fuerza no se lo impide. Todos los planetas del sistema solar se mueven así; como en el espacio apenas hay rozamiento, seguirán rotando billones de años.

## Paseo bamboleante

Las bicicletas guardan la verticalidad gracias al momento angular, por lo que es muy difícil mantener el equilibrio sobre una bicicleta parada. Pero en cuanto se pone en marcha, sus ruedas actúan como giroscopios y la mantienen estable. Cuanto más rápido vayas, y más pesadas y grandes sean las ruedas, más estable será. Por eso las primeras bicis tenían ruedas enormes.

Las bicicletas de carreras modernas tienen ruedas finas y estructura ligera. Basta un poco de energía para que las ruedas giren velozmente, de manera que el ciclista sólo utiliza su potencia muscular para avanzar.

Además, las ruedas tienen cojinetes de bolas que reducen su rozamiento contra la bicicleta. Eso les permite girar con más libertad y mantener un momento angular grande.

El monociclista (derecha), que sólo dispone de una rueda pequeña, se mantiene erguido gracias al balanceo y al movimiento continuo de la rueda, y sólo en distancias cortas.

# ACTIVIDAD 4
# EL PÉNDULO

*¿Te has preguntado por qué los relojes de pie eran tan precisos? El secreto está en un dispositivo llamado péndulo, que oscila a un ritmo constante. Esta oscilación es un tipo de movimiento llamado vibratorio.*

**Estos relojes tienen grandes péndulos decorativos. El péndulo no es más que un peso que oscila.**

Sujeta una regla sobre el borde de una mesa y empuja la parte que sobresale. El extremo subirá y bajará con un ruidillo. Eso es un ejemplo de vibración.

La vibración es un movimiento de vaivén. Muchos cuerpos vibran, y cada uno tiene su ritmo particular, o frecuencia. Si agitas una campanilla, el metal vibrará con su frecuencia natural, emitiendo un sonido. No importa cuánto la agites: siempre vibrará con la misma frecuencia y emitirá la misma nota.

El péndulo es un ejemplo de cuerpo vibratorio. La primera persona que entendió su funcionamiento fue Galileo, un científico que vivía en Italia hace 400 años. Al ver cómo oscilaba la lámpara de una catedral, la cronometró con su pulso y comprobó que siempre tardaba lo mismo en completar una oscilación, fuera cual fuese la distancia que recorriera: había descubierto la frecuencia natural de la lámpara. También descubrió que la duración de la oscilación de un péndulo dependía de su longitud: cuanto más largo fuera, más lenta era la oscilación. El peso de su extremo no suponía diferencia alguna.

Puedes verificar los descubrimientos de Galileo con una piedra atada a una cuerda. Cuelga la piedra de una mesa, empújala un poco hacia un lado y cronometra lo que tarda en dar 10 oscilaciones. Repítelo empujando más la piedra o con una piedra más pesada. El péndulo no irá más deprisa ni más despacio. Sin embargo, si acortas o alargas la cuerda, tu péndulo oscilará con una frecuencia diferente.

Mejor aún, haz un péndulo humano. Siéntate en el columpio de un parque, no muevas las piernas y pide a un amigo que te empuje. Si te cronometras, verás que tardas lo mismo en ir de atrás adelante, sea grande o pequeña la oscilación.

El tiempo que tarda el péndulo en dar una oscilación se llama periodo, y la distancia entre su lugar de reposo y el punto más alejado de su oscilación se llama amplitud. Si dejas que un péndulo oscile un rato, verás que su amplitud disminuye poco a poco hasta que se para. Esto ocurre porque el péndulo pierde energía debido a la resistencia al avance del aire y al rozamiento entre la cuerda y el lugar en que esté atada. Sin embargo, la frecuencia no cambia mientras el péndulo pierde energía: la amplitud disminuye, pero el periodo permanece igual.

## PÉNDULO DE DOS PARTES

En la actividad siguiente vas a hacer un péndulo con dos partes conectadas. Cada una de ellas actuará como un péndulo independiente, con su propio periodo y amplitud, así que el dispositivo se moverá de forma más complicada que un péndulo simple. En vez de oscilar, el péndulo doble se mueve de una forma que parece irregular, pero verás que no es así.

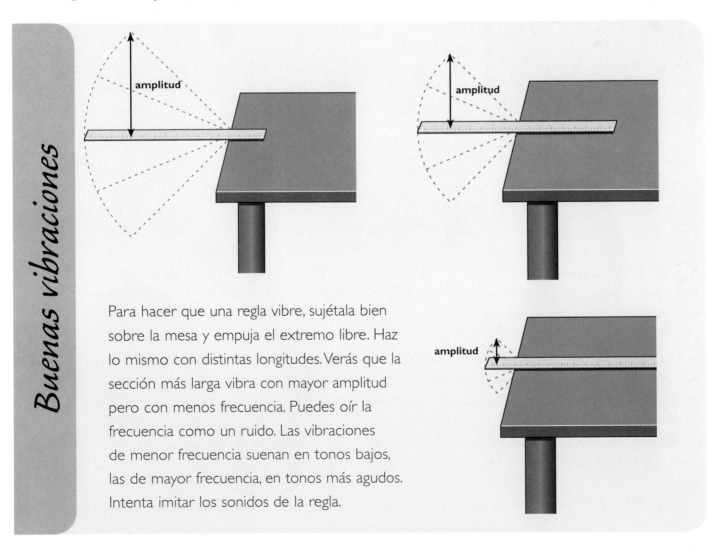

## Buenas vibraciones

Para hacer que una regla vibre, sujétala bien sobre la mesa y empuja el extremo libre. Haz lo mismo con distintas longitudes. Verás que la sección más larga vibra con mayor amplitud pero con menos frecuencia. Puedes oír la frecuencia como un ruido. Las vibraciones de menor frecuencia suenan en tonos bajos, las de mayor frecuencia, en tonos más agudos. Intenta imitar los sonidos de la regla.

# Péndulo pintor

## Objetivos

1. **Estudiar el movimiento del péndulo.**
2. **Hacer un péndulo compuesto.**
3. **Crear pinturas sorprendentes.**

### Vas a necesitar:

- *vaso grande de plástico o papel*
- *perforador*
- *cordel*
- *alfiler*
- *cinta adhesiva protectora*
- *pintura al agua*
- *cartulina blanca*
- *papel de periódico*

**1** Haz tres agujeros con el perforador alrededor del borde del vaso y ata unos 8 cm de cordel a cada agujero. Anúdalos y átalos al extremo de un cordel de unos 30 cm.

**3** Ata un trozo largo de cordel entre dos paredes para que pase sobre la mesa. El cordel debe quedar un poco flojo en el centro. Ata el cordel del vaso para que quede sobre el centro de la mesa.

**2** Haz un agujerito con el alfiler en el fondo del vaso y cubre el agujero con un trozo de cinta adhesiva.

**4** Cubre la mesa con papel de periódico, coloca la cartulina bajo el vaso, y llena el vaso hasta la mitad con pintura.

**5** Tira del vaso hacia un lado, quita la cinta adhesiva y suelta el vaso para que oscile. La pintura caerá y hará un dibujo sobre la cartulina.

**6** Deja que el vaso oscile un minuto, después detenlo y ponle rápidamente la cinta adhesiva.

## Resolución de problemas

*¿Y si no puedo colgar el vaso sobre una mesa?*

Trabaja en el suelo. Coloca dos sillas separadas y con los respaldos encarados, pon libros pesados en los asientos y ata el péndulo a los respaldos.

Si sale mucha pintura del vaso, empieza de nuevo haciendo un agujero más pequeño, o echando menos pintura. Deja oscilar el vaso menos tiempo.

# SEGUIMIENTO — Péndulo pintor

D espués de tu primer dibujo, haz otro soltando el vaso desde un lugar distinto. También puedes variar la cantidad de pintura del vaso, para ver si el peso supone alguna diferencia. Marca en cada dibujo el punto de partida del vaso y anota su cantidad de pintura.

Puedes cambiar la oscilación del péndulo variando las alturas de las dos partes. Primero, mide las alturas de tu péndulo original (foto derecha). Para medir la superior (a), compara lo que cuelga con una línea horizontal imaginaria, y para alargarla, afloja un poco el cordel. Para alargar la otra (b), desata el cordel y reemplázalo con otro más largo. Mide las longitudes cada vez que las cambies e intenta que la proporción sea exacta: 1:1, 1:3 o 3:4. Haz una nueva pintura para cada proporción y anota

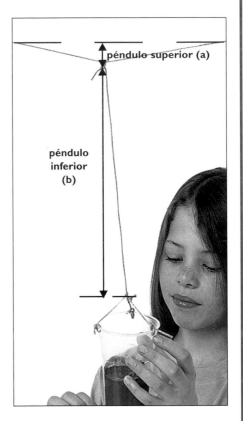

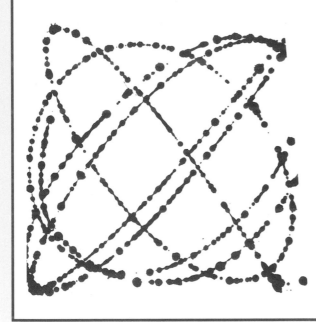

*El dibujo de tu péndulo pintor indica la forma en que se ha movido.*

ésta en el papel cuando la pintura se seque. Cambia el punto de partida del vaso y su cantidad de pintura para ver si el dibujo cambia. Cuelga las pinturas de la pared para compararlas.

# ANÁLISIS — El péndulo

E l péndulo de dos partes se llama péndulo compuesto, y los movimientos que describe, figuras de Lissajous. Las figuras de Lissajous de tu primer péndulo habrán sido parecidas fuera cual fuera el punto de partida del vaso y su cantidad de pintura; también serán irregulares, ya que la pintura no habrá caído sobre el mismo dibujo. Al cambiar las longitudes de las dos partes, habrás obtenido resultados muy distintos. Si has conseguido una proporción exacta entre ambas, el péndulo habrá repetido un mismo dibujo en vez de cubrir todo el papel. Por ejemplo, la proporción 1:1 dará un círculo, la 1:2, un ocho, y así el resto. Cuanto mayor sea la proporción, más complejo será el dibujo. Las figuras de Lissajous dependen de las frecuencias de los dos péndulos. Cuando cambias la longitud del péndulo, cambias su frecuencia, y esto cambia lo pintado.

## EL PÉNDULO DE FOUCAULT

El péndulo simple se mueve siempre en el mismo plano. Con esta propiedad, el científico francés Léon Foucault demostró la rotación de la Tierra. Suspendió un péndulo de una cúpula, lo dejó oscilar varias horas y el plano de oscilación cambió. No se había movido el plano, sino la Tierra.

🔴 **Léon Foucault demostró la rotación de la Tierra con un péndulo de 67 metros de largo.**

## Tictac, tictac

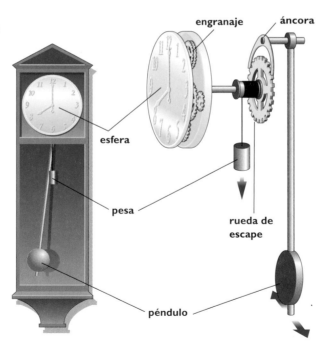

Como el péndulo siempre oscila al mismo ritmo, puede mover a velocidad constante las manecillas de un reloj.

Los péndulos de los relojes controlan un dispositivo llamado rueda de escape. En el extremo superior del péndulo hay una pieza llamada áncora, cuyos brazos encajan en los dientes del escape. Mientras el péndulo oscila, el áncora se mueve a izquierda y derecha, liberando la rueda un instante para que gire un diente. Esta rueda está conectada por engranajes (ruedas dentadas) a las manecillas del reloj, lo que le permite moverlas. La pesa proporciona energía para que el péndulo oscile; cuando alcanza el punto más bajo, se debe dar cuerda al reloj para que suba de nuevo.

La longitud del péndulo debe ser la precisa para medir bien el tiempo. Recuerda: cuanto más largo sea, más durará la oscilación. Un péndulo de un metro oscila una vez por segundo. Cada aumento de 0,025 mm en su longitud lo retrasaría un segundo al día.

*engranaje   áncora   esfera   pesa   rueda de escape   péndulo*

# RESONANCIA

*Los péndulos oscilan a un ritmo constante. Si empujaras uno a su mismo ritmo, oscilaría cada vez más alto. En este capítulo aprenderás a activar un péndulo para que empiece a oscilar sin tocarlo.*

os péndulos y demás cuerpos vibratorios se mueven a un ritmo constante: su frecuencia natural. Empujes lo que empujes un péndulo, o sea cual sea la distancia a la que lo sueltes, oscilará con su frecuencia natural. Si lo empujas siguiendo esa frecuencia, lo harás ir cada vez más lejos con poco esfuerzo. Este efecto se llama resonancia.

El columpio es un tipo de péndulo. Para que uno suba lo más posible, debes hacer coincidir tus empujones con su frecuencia natural. Empujarlo a destiempo hará que se pare.

Todo lo que vibra puede resonar. Si entonas una nota cerca de un violín en la frecuencia na-

● *No importa lo que suba esta niña mientras se columpia: siempre oscilará al mismo ritmo. El columpio es un péndulo y tiene una frecuencia natural, como todos los cuerpos vibratorios.*

tural de una de sus cuerdas, el violín empezará a sonar sin que lo toques. Esto ocurre porque tu voz hace que el aire vibre, y esas vibraciones llegan a la cuerda y la hacen resonar.

A veces, la resonancia hace vibrar a los cuerpos con tanta fuerza que los destruye. Una cantante de ópera con oído absoluto es capaz de romper un vaso entonando una nota en la frecuencia natural del vaso.

💧 *Cuando una lavadora centrifuga, la frecuencia del tambor coincide brevemente con la frecuencia natural de la máquina y la hace vibrar, o resonar.*

## HECHO AÑICOS

Los ingenieros deben ser muy cuidadosos con la frecuencia natural de las cosas que construyen. Si la carrocería de un coche tiene una frecuencia natural que coincide con el ruido del motor, la resonancia haría que el coche vibrara de una forma muy incómoda.

Por la misma razón, los soldados que marchan rompen siempre el paso al cruzar un puente. Si siguieran marchando a un tiempo, la frecuencia de sus pasos podría coincidir con la frecuencia natural del puente y hacerlo resonar. Los puentes que resuenan llegan a sacudirse con tanta violencia que tiran a la gente que los cruza. Algunos incluso se han desmoronado debido a la resonancia causada por el viento.

Observa lo que pasa cuando una lavadora centrifuga. Llega un momento en que empieza a dar sacudidas, cuando la frecuencia del tambor coincide con la frecuencia natural de la lavadora. Si esa frecuencia natural coincidiera con la frecuencia del tambor a su máxima velocidad, la lavadora se rompería. Como verás, las frecuencias coinciden sólo durante unos segundos, antes de que alcance la velocidad máxima.

En la Actividad 4 hemos visto que la frecuencia del péndulo depende de su longitud. Los péndulos que construiremos en la actividad siguiente son igual de largos, así que tendrán la misma frecuencia. Descubrirás que uno puede hacer resonar al otro, enviándole vibraciones a través de un cordel.

## Bordoneo

La zanfonía, un antiguo instrumento de cuerda, tiene un grupo de cuerdas llamadas bordones que suenan solas cuando su frecuencia natural coincide con la vibración de las otras. Cuando estas otras vibran, mueven el aire y crean un sonido. Esas ondas sonoras llegan a los bordones, que resuenan con tonos graves y ricos.

🔴 *La zanfonía se toca girando un manubrio que hace vibrar un grupo de cuerdas. El sonido de esas cuerdas provoca que los bordones vibren también.*

# Péndulos gemelos

## Objetivos

1. **Hacer un par de péndulos resonantes.**
2. **Hacer que un péndulo se mueva sin tocarlo.**

### Vas a necesitar:

- *una percha metálica*
- *cizalla (para cortar alambre)*
- *punzón*
- *dos botes de película fotográfica*
- *tuercas metálicas del mismo tamaño, que harán de pesas*
- *cordel*

**1** Corta dos trozos de percha de 15 cm cada uno. Dobla con la cizalla un extremo de cada trozo para poder colgarlos.

## Seguridad

*Ten mucho cuidado cuando cortes la percha. Pueden saltarte trocitos de metal a los ojos. Usa gafas protectoras si las tienes, si no ponte gafas normales o de sol. Los extremos del alambre pueden quedar cortantes, así que ten cuidado con los dedos.*

**2** Pide a un adulto que haga un agujerito con el punzón en medio de cada tapa de los botes. Mete los extremos rectos de los alambres en las tapas y dóblalos para que los botes puedan colgar de ellos. Asegúrate de que las tapas ajusten bien.

**3** Mete el mismo número de tuercas en cada bote y tápalos.

**4** Corta unos 60 cm de cordel y ténsalo entre dos sillas o de pared a pared. Cuelga los botes a 5 cm del centro del cordel (la separación entre ambos será de 10 cm).

**5** Echa hacia atrás uno de los botes, suéltalo y deja que oscile. Observa lo que ocurre con el otro péndulo. Si los botes se deslizan, tensa más la cuerda.

## Para viajar cómodos

Los automóviles llevan muelles para lidiar con las malas carreteras. Cuando una rueda topa con un bache, el muelle vibra a veces con su frecuencia natural, y los pasajeros botan. Para evitar este problema, los coches están equipados con amortiguadores. El amortiguador es un cilindro que contiene líquido y un disco. Como en un pistón, el disco sube y baja suavemente, absorbiendo la energía de las sacudidas y haciendo el trayecto más cómodo.

# SEGUIMIENTO · Péndulos gemelos

Cronometra lo que tarda cada péndulo en oscilar solo: ése es el periodo del péndulo. El periodo es una magnitud similar a la frecuencia, pero mucho más fácil de medir. Anota los resultados en una tabla como la de abajo. Los alambres miden igual, así que los periodos deben ser iguales. Hazlos oscilar desde más lejos, y mira si cambian los periodos (no deben cambiar).

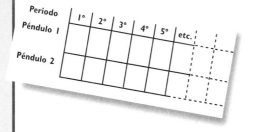

| Periodo | 1° | 2° | 3° | 4° | 5° | etc. |
|---|---|---|---|---|---|---|
| Péndulo 1 | | | | | | |
| Péndulo 2 | | | | | | |

Cuando sueltes el primer bote, observa lo que pasa con el otro. Cronometra el periodo del primero y, cuando el segundo empiece a moverse, cronometra también su periodo. Anota los resultados.

Cambia el peso de uno de los péndulos. ¿Siguen haciéndose oscilar el uno al otro?

Repite la actividad con otras longitudes de alambre. Primero acórtalos 3 cm y después alárgalos 3 cm. Como ambos siguen teniendo la misma longitud, los periodos serán iguales y seguirán moviéndose mutuamente. Hazlos luego de distinta longitud. ¿Eres capaz de predecir lo que pasará?

Ahora prueba con tres péndulos: dos de la misma longitud y uno más largo. ¿Sabes qué pasará cuando hagas oscilar el largo? ¿Y cuando hagas oscilar uno de los cortos?

# ANÁLISIS · Resonancia

Cuando ambos péndulos son de la misma longitud y haces oscilar uno, habrás notado que el otro también oscila. Ello se debe a que ambos tienen el mismo periodo (tardan lo mismo en dar una oscilación), lo que significa que también tienen la misma frecuencia natural. Al oscilar, el primer péndulo transmite vibraciones a través de la cuerda al segundo péndulo; esas vibraciones mueven el segundo péndulo a su frecuencia natural, haciéndolo resonar. La diferencia de peso de los botes no debe cambiar nada: la frecuencia de un péndulo depende de su longitud, no de su peso.

Al cambiar las longitudes, siempre que las de los dos sean iguales, seguirán haciéndose oscilar entre sí. Sin embargo, si uno es más corto que el otro, eso no ocurrirá. Con los tres péndulos, habrás visto que los cortos se hacen resonar entre sí (porque tienen el mismo periodo), pero no al largo. Asimismo, el péndulo largo hubiera oscilado sólo si lo hubieses empujado en primer lugar.

# ACTIVIDAD 6
# CONSTRUCCIÓN DE PUENTES

*Los puentes tienen que soportar su propio peso y el del tráfico que los atraviesa. Los ingenieros los diseñan con pilares, arcos y cables para equilibrar esas cargas con empujes hacia arriba o hacia adentro.*

Los primeros puentes fueron simples troncos colocados sobre los arroyos. Después empezaron a mejorarse y se hicieron con planchas de madera o losas de piedra. Estos puentes primitivos funcionaban como una viga: estructuras sólidas y planas apoyadas en los extremos sobre pilares que transmitían las cargas al terreno.

El puente viga tenía sus limitaciones. Si era demasiado largo, se encorvaba hacia abajo y se movía al atravesarlo. Para resolver esto, se pusieron más soportes, es decir, el puente resultante era la unión de varios puentes. Sin embargo, seguía habiendo problemas. Por ejemplo, los soportes dificultaban el paso de los barcos y, si había que salvar barrancos profundos, debían ser tan altos que no aguantaban el peso.

## LOS ADMIRABLES ARCOS

Para evitar que los puentes se encorvaran, se construyeron con forma de arco o con un arco inferior. Este tipo de puente transmite la carga al terreno siguiendo la forma circular, es decir, distribuye la carga por toda su superficie, lo que le permite soportar sin deformarse mucho más carga que al puente viga.

El puente colgante también distribuye las cargas. Cuelga de dos enormes cables tendidos entre altas torres. La carga se transmite a los cables verticales, que la transmiten a los principales que, a

🔵 *El Tsing Ma, de Hong Kong, es uno de los puentes colgantes más largos del mundo. Los cables que lo sostienen tienen 1,10 m de ancho.*

su vez, la llevan a las torres. En los extremos del puente, los cables principales corren de la torre al terreno, donde se anclan con enormes bloques de hormigón.

# Flexión y extensión

## Objetivos

1. **Construir un puente viga.**
2. **Comprobar su resistencia.**

### Vas a necesitar:

- regla
- lápiz
- cartulina
- tijeras
- libros grandes para hacer dos pilas de la misma altura
- bote de película fotográfica
- arandelas metálicas o monedas

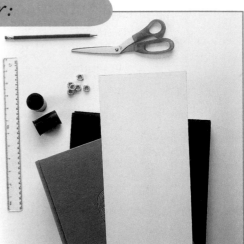

**1** Dibuja una tira de cartón de 55 cm de largo y 5 cm de ancho.

**2** Corta la tira. Mide el centro de uno de los lados largos y márcalo con lápiz.

### Gertie galopante

A veces, los diseñadores de puentes cometen graves errores, como el que hizo que el Tacoma Narrows del estado de Washington se derrumbara en 1940. Este puente colgante fue apodado "Gertie galopante" por su modo de balancearse y retorcerse. Los diseñadores no habían tenido en cuenta el viento. El 7 de noviembre el puente se retorció tanto que se derrumbó sobre el agua, llevándose con él a un perrillo que habían dejado en un coche.

## Mejor que se doble

Volar en una turbulencia puede resultar terrorífico. Las puntas de las alas suben y bajan muchos metros por el aire, pero están diseñadas para ello. Si los ingenieros trataran de hacer alas rígidas, tendrían que darles un grosor y un peso imposibles. Es mucho mejor dejar que la estructura sea un poco flexible. La próxima vez que vayas en avión, compara la posición de las alas antes del despegue y cuando estés en el aire. Los puentes también tienen capacidad de oscilar y deformarse un poco frente al viento.

**3** Haz dos pilas de libros y sepáralas 45 cm. Pon la tira de cartulina entre los libros para hacer el puente.

**4** Coloca el bote en medio del puente. Pon un peso en el bote y mide lo que se encorva el puente (distancia de la mesa al centro del puente).

**5** Sigue añadiendo peso hasta que el puente toque la mesa. Mide la distancia cada vez que añadas un peso.

# *SEGUIMIENTO* ( Flexión y extensión )

Dibuja un gráfico del encorvamiento del puente, situando las pesas del bote en el eje horizontal y la distancia del puente a la mesa en el vertical.

Repite el experimento colocando un arco de cartulina debajo del puente, como en la foto inferior. Este soporte arqueado cambia por completo la resistencia a la flexión. Compruébalo sometiendo el puente a las mismas cargas y haciendo un gráfico de los resultados. ¿En qué se diferencian los gráficos? ¿Qué puente sostiene más peso?

Otra forma de aumentar la resistencia de tu puente es ponerle dos refuerzos. Corta dos tiras de cartón de la misma longitud del puente y de 2,5 cm de ancho. Dóblalas dos veces a lo largo para

*Haz un arco de soporte para tu puente y comprueba si lo refuerza.*

que formen un triángulo, y pégalas con celo. Después pégalas a los bordes del puente, con el vértice hacia abajo. ¿Cuánto peso soporta este puente en comparación con los otros?

Piensa en otras formas de reforzar tu puente, como arquear la tira de cartulina o hacerle muchos dobleces para corrugarla.

Los puentes más largos y resistentes son los colgantes y los puentes en ménsula. Los primeros pueden extenderse más de 1,5 km, y los segundos resisten grandes cargas, por lo que suelen sustentar vías férreas. A diferencia de los colgantes, los puentes en ménsula se construyen con perfiles de acero

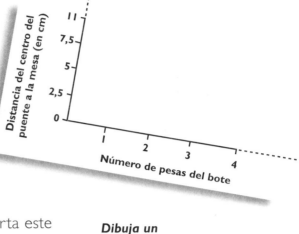

*Dibuja un gráfico para ver la carga que puede soportar cada puente.*

rígido en vez de con cables flexibles. ¿Podrías hacer alguno de estos puentes con cartón y cordel?

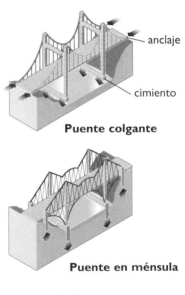

anclaje

cimiento

**Puente colgante**

**Puente en ménsula**

*Las flechas rojas muestran dónde actúan las fuerzas de los puentes sobre el terreno al empujarlo en los cimientos y tirar de él en los anclajes.*

# ANÁLISIS
## Construcción de puentes

Tu puente viga se apoya en los extremos, donde la tira está metida entre los libros. El puente no soporta mucho peso porque se comba con demasiada facilidad. Al reforzarlo con vigas triangulares aumentas la carga que puede soportar, distribuyéndola, pero la forma de soportarla sigue siendo la misma.

Los puentes en arco funcionan de otro modo. La fuerza producida por la carga se extiende por el puente y se traslada al suelo en diagonal en cada extremo del arco, lo que le permite sostener mucho más peso que a una viga. Mientras el puente viga se dobla por el peso, el puente en arco trabaja a compresión (ver recuadro inferior).

Los extremos de un puente en arco no sólo empujan hacia abajo, sino hacia fuera. Los de tu arco estaban sujetos por las pilas de libros, pero sin ellas el arco se hubiera desmoronado. Esto significa que tales puentes sólo pueden construirse si el suelo es firme en ambas direcciones.

La mayor parte del peso de un puente colgante no lo soportan las torres, sino los cables anclados de los extremos. El peso del puente tensa cables, que tiran de los anclajes. Esta fuerza se llama tracción (ver recuadro inferior). Los puentes en ménsula extienden su carga a través de fuerzas de tracción en las vigas superiores y de compresión en las inferiores.

## Siente las fuerzas

Sobre un puente actúan cuatro fuerzas: compresión, tracción, flexión y torsión. Los ingenieros analizan cómo responderá su puente a ellas. Tú puedes aplicar fuerzas similares a una regla de plástico.

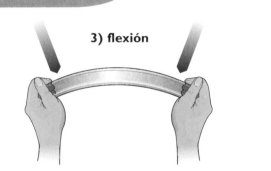

3) flexión

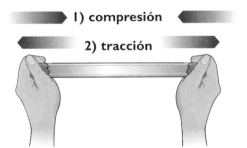

1) compresión

2) tracción

Algunas partes del puente están comprimidas. Empuja los extremos de la regla para comprimirla (**1**). Otras están sometidas a tracción. Tira de los extremos de la regla para estirarla (**2**).

Sostén la cara graduada de la regla frente a ti e intenta doblar la regla hacia arriba y hacia abajo; en esa posición te será casi imposible.

Ahora sostenla con la cara graduada hacia abajo y dóblala de nuevo; esta vez te resultará mucho más fácil (**3**).

Gira los extremos de la regla en direcciones opuestas y tendrás una estructura sometida a torsión (**4**).

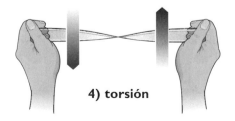

4) torsión

# RAMPA ARRIBA

*Se han inventado muchas máquinas para levantar objetos pesados.*
*Algunas de las más efectivas son muy sencillas y muy corrientes.*
*Las rampas, por ejemplo, son máquinas simples.*

La palabra máquina describe muchas cosas de uso cotidiano. Las lavadoras, los coches, los cortacéspedes o los ordenadores son máquinas, pero hay otras mucho más sencillas. Un tornillo, una cremallera o un hacha son ejemplos de una máquina simple llamada plano inclinado, o rampa, que nos permite reducir el esfuerzo y aumentar el rendimiento.

Para levantar un objeto hay que hacer fuerza, ya sea con tus músculos o con una máquina compleja, como un montacargas. La cantidad de fuer-

**Este monopatinador se sirve de una rampa para aumentar su velocidad y hacer acrobacias.**

za que haya que aplicar depende de dos cosas: el peso del objeto y la distancia que deba recorrer.

Cuando levantas una piedra y la pones sobre una mesa, son tus músculos los que hacen el esfuerzo. Cuanto más pese la piedra y más alta sea la mesa mayor tensión soportarán tus músculos; pero si empujaras la piedra o tiraras de ella por una rampa, te costaría menos. Eso se debe a que la rampa disminuye la cantidad de esfuerzo que cuesta mover un objeto, aumentando la distancia que el objeto recorre. Esto es más fácil de comprender con el siguiente ejemplo.

Subir una colina por la ladera más empinada requiere más esfuerzo, pero acorta la distancia que se recorre. Subir por la ladera menos empinada requiere menos esfuerzo pero la distancia es mayor. En ambos casos, haces el mismo trabajo, que es igual a la fuerza (la que ejerces para caminar) multiplicado por la distancia.

Así que lo que te ahorras en esfuerzo lo pierdes en distancia. A esta regla obedecen muchos dispositivos mecánicos y es la razón del funcionamiento de la rampa: reduce el esfuerzo para subir un objeto aumentando la distancia que recorre.

🔵 *Las rampas tienen muchos usos prácticos en la vida cotidiana. La de este ferry de Caligari, Italia, permite a los vehículos la entrada y la salida al barco.*

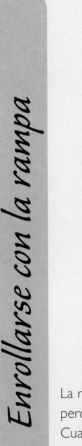

La rampa facilita la subida de objetos pesados, pero tiene el inconveniente del rozamiento. Cualquier objeto arrastrado rampa arriba roza contra ella (A). Este roce dificulta el movimiento del objeto: se necesita ejercer más fuerza. Cuando los egipcios construyeron las pirámides tuvieron que subir por rampas piedras muy pesadas. Para que fuera más fácil tirar de ellas, la superficie de la rampa se cubría con troncos (B) o capas de grava y arena húmedas. Al mover las piedras sobre estas capas, los granos se deslizaban y rodaban, reduciendo el rozamiento.

# Hacer una rampa

## Objetivos

1. **Comprobar que subir un objeto por una rampa requiere menos esfuerzo.**
2. **Comprender la idea de ventaja mecánica.**

### Vas a necesitar:

- *punzón*
- *bote de película fotográfica*
- *goma elástica o trozo de cinta elástica*
- *monedas o tuercas metálicas*
- *regla*
- *libros*
- *tablero de 60 cm*

**1** Haz un agujero en la tapa del bote. Introduce la cinta y anúdala por el interior de la tapa para que no se salga.

## Plano espiral

Meter directamente una pieza de metal lisa en la madera sería muy difícil, pero el filete de rosca que recorre en espiral el tornillo se comporta como una rampa e introduce el tornillo (en la madera) con una fuerza mayor de la que se ejerce para girarlo.

**2** Llena medio bote con monedas o tuercas y tápalo.

## Seguridad

Si no tienes punzón, pide a un adulto que haga un agujero en la tapa.

**Resolución de problemas**

**¿Y si la cinta elástica apenas se estira?**

Ciertos tipos de cinta elástica se estiran poco. Si es tu caso, utiliza una goma elástica cortada. Para que no se salga por el agujero de la tapa, ata a un palillo el extremo que quede dentro del bote.

**3** Mide la longitud de la cinta elástica sin estirarla.

**4** Sube el bote a una pila de libros por medio de la cinta. Mide la longitud de la cinta cuando el bote esté a la altura del libro superior.

**5** Haz una rampa suave apoyando el tablero sobre los libros. Fija la rampa a la mesa con arcilla de modelar para que no se deslice.

**6** Sube el bote por la rampa tirando de la cinta. Mide la longitud de ésta cuando tiras del bote.

# *SEGUIMIENTO* ( Hacer una rampa )

R epite la actividad variando el ángulo de la rampa. Para cada ángulo necesitarás una longitud de rampa distinta: hazla de cartón. Empieza con un ángulo pequeño y, cuando lo aumentes, corta el cartón para mantener la rampa a la misma altura. Mide el ángulo de cada rampa con un transportador (semicírculo graduado).

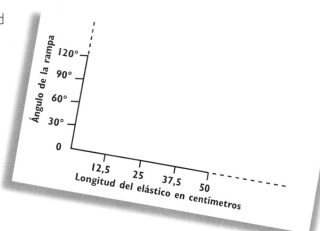

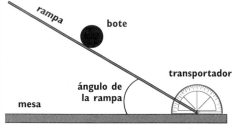

polvos de talco o aceite sobre la rampa.

Mide la longitud del elástico al arrastrar el peso sobre esos materiales.

También puedes reducir el rozamiento con rodillos. Corta pajitas para beber en trozos de 5 cm y colócalos entre un trozo de cartón y la rampa. Pon el bote sobre el cartón y súbelo.

Vuelve a dibujar un gráfico con los resultados.

Los objetos muy pesados se elevan a veces con ayuda de un segundo peso llamado contrapeso. Los ascensores suelen tener uno en el extremo opuesto del cable que los eleva. Cuando el ascensor sube, el contrapeso baja. Puedes hacer uno atando otro bote con monedas al extremo libre del elástico. Pon los libros al borde de la mesa para que el contrapeso cuelgue, y dibuja gráficos de los resultados.

Dibuja un gráfico del ángulo de las rampas en relación al alargamiento del elástico. Te mostrará la fuerza necesaria para subir el peso con cada pendiente: cuanto más se estire el elástico, más fuerza se necesitará.

Te costará menos subir el peso si disminuyes el rozamiento. Redúcelo con distintos materiales, por ejemplo esparciendo sal,

# ANÁLISIS

## Rampa arriba

Habrás visto que cuesta menos subir un objeto por una rampa que levantarlo en vertical. Ese ahorro de fuerza se llama ventaja mecánica. En general, cuanto más larga sea la rampa, menos esfuerzo costará subir un objeto y más ventaja mecánica se ganará.

La desventaja de la rampa es que lleva más tiempo mover un objeto, porque la distancia que debe recorrer es mayor, pero para objetos pesados es una buena alternativa.

Encontrarás rampas en los lugares más inesperados. Una cremallera funciona encajando dos filas de dientes que refuerzan la unión. Dentro del cursor (la parte móvil) hay un saliente triangular. Al cerrarla, los dientes bajan a cada lado del saliente y se traban. El saliente actúa como dos rampas unidas por un extremo. Al abrirla, otro saliente del cursor destraba los dientes y la cremallera se mueve en la dirección contraria.

## El tornillo de Arquímedes

El filete de un tornillo proporciona la misma ventaja mecánica que una rampa, porque girando recorre una distancia mucho mayor que la que avanza. Esto significa que, al avanzar, ejerce más fuerza de la necesaria para atornillarlo.

Antiguamente, el tornillo de Arquímedes (izquierda) servía para elevar agua de los ríos y llevarla a los campos. Cada vez que el tornillo giraba, elevaba un poco más el agua en el interior de una tubería inclinada. Se accionaba a mano, con una manivela situada en un extremo.

Algunos arqueólogos creen que con estos tornillos se subía agua a los Jardines Colgantes de Babilonia, en el antiguo Irak, una de las maravillas del mundo antiguo. Los jardines estaban construidos sobre terrazas escalonadas, a gran altura sobre la ciudad y el agua más cercana.

El tornillo de Arquímedes se sigue utilizando todavía en muchas industrias, aunque ahora se accione con motor.

◗ **Un tornillo de Arquímedes transporta virutas de plástico mezcladas con agua en una planta de reciclado.**

# APALANCA CON PALANCA

*Muchas máquinas nos facilitan la vida. Una de las más simples es la palanca, utilizada desde la prehistoria. Las palancas aumentan las fuerzas, facilitando el movimiento de cargas.*

● *Estos leñadores rumanos colocan grandes troncos en un carro mediante palancas.*

Ya hemos visto que la rampa es un tipo de máquina simple. Otro tipo es la palanca. Ésta funciona aumentando una fuerza o un movimiento. La palanca gira sobre un punto de apoyo llamado fulcro. La más sencilla es un trozo largo de material rígido, como un palo o una barra. Otras son más complejas, pero todas funcionan igual.

Imagina que estás moviendo una roca con un palo. Primero metes un extremo del palo bajo la roca y luego colocas un ladrillo debajo del palo, cerca de la roca. El ladrillo es el fulcro.

Entonces empujas hacia abajo el palo. Como el fulcro está más cerca de la roca que de ti, el gran movimiento de la palanca en tu extremo se traduce en un pequeño movimiento bajo la roca, pero ese movimiento ejerce una fuerza mucho mayor. Ese aumento de fuerza basta para levantar la roca. La carga que levantas recibe el nombre de resistencia y la fuerza que aplicas, el de potencia.

## LOS TRES GÉNEROS DE PALANCA

Hay tres tipos de palancas que trabajan de distinta forma.

### Palanca de primer género

El fulcro (triángulo verde) está entre la resistencia (cubo azul) y la potencia (flecha roja; donde empuja la persona). La palanca de primer género multiplica la potencia.

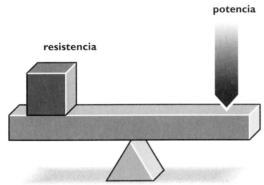

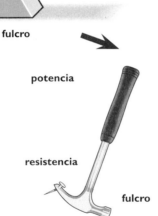

El martillo de orejas es una palanca de primer género: la potencia se aplica en el extremo del mango, la cabeza del martillo es el fulcro y el clavo es la resistencia. Las tijeras constan de dos palancas de primer género que actúan a la vez; el punto donde se cruzan es el fulcro. Las tijeras son palancas compuestas de primer género.

### Palanca de segundo género

En la palanca de segundo género, la resistencia se encuentra entre el fulcro y la potencia. La persona que levanta la palanca (potencia) está en el extremo opuesto al fulcro. Como un movimiento largo de la palanca mueve menos la resistencia, la potencia se multiplica. La carre-

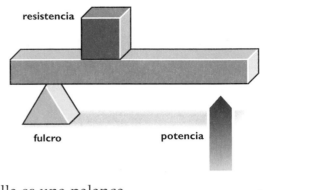

tilla es una palanca simple de segundo género.

El cascanueces consta de dos palancas de segundo género que trabajan juntas. La articulación es el fulcro, y

la nuez, la resistencia. Este tipo de palancas son las compuestas de segundo género.

### Palanca de tercer género

En este caso, la potencia está entre el fulcro y la resistencia. La palanca de tercer género no aumenta la fuerza que se ejerce, pero amplifica los movimientos aplicados. Este tipo de palanca

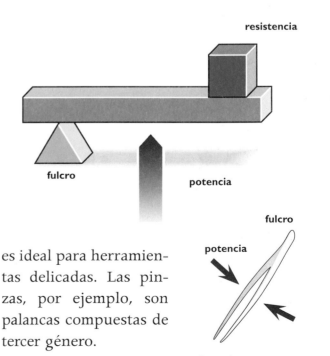

es ideal para herramientas delicadas. Las pinzas, por ejemplo, son palancas compuestas de tercer género.

# Hacer una palanca

## Objetivos

1. **Hacer una palanca simple de primer género.**
2. **Estudiar cómo multiplica una fuerza.**

### Vas a necesitar:

- *2 reglas de 50 cm*
- *24 cerillas de cocina*
- *celo*
- *cuatro libros grandes*
- *2 botes de película fotográfica*
- *monedas o tuercas metálicas*
- *arcilla de modelar*

### Palanca improvisada

En 1947 Chuck Yeager fue el primer piloto que voló más rápido que el sonido. La víspera de su histórico vuelo, Yeager se cayó de un caballo. La rotura de unas costillas le impedía cerrar la cabina del avión, hasta que le ató un palo de escoba, que le sirvió de palanca para cerrarla.

**1** Dibuja líneas a 5,5 cm en una de las reglas (la palanca) y pega una cerilla a cada lado de las líneas, con una separación entre cerillas de unos 4 mm. Comprueba que la otra regla ajuste entre las cerillas, ya que evitarán que la palanca se deslice.

**2** Introduce los extremos de la segunda regla entre cuatro libros pesados, dejando unos 30 cm de regla entre ellos. El punto en que la palanca se sostenga en equilibrio sobre esta regla será el fulcro.

**3** Haz dos cuadraditos iguales de arcilla de modelar; pon uno en cada bote y pega los botes a la cara sin cerillas de la palanca.

**4** Carga los botes con monedas o tuercas. Pon dos en uno de los botes y cuatro en el otro. Vas a tratar de elevar el peso mayor, la resistencia, con el peso menor, la potencia, aumentando ésta con tu palanca.

**5** Centra la palanca sobre la regla de apoyo. Al principio no se mantendrá en equilibrio, así que ajusta la posición del peso mayor hasta equilibrarla. Anota la posición del fulcro (donde se tocan las reglas) y las distancias entre el fulcro y los pesos. Repite la actividad variando la posición del fulcro.

*Resolución de problemas*

*¿Y si los botes se caen de la palanca cada vez que la levanto para moverla?*

Pon trozos más grandes de arcilla de modelar debajo de los botes, pero intenta que sean iguales. Si no lo son, el peso de la arcilla afectaría al experimento. Para asegurarte, pesa los trozos en una báscula de cocina.

# SEGUIMIENTO ( Hacer una palanca )

Dibuja un gráfico con la distancia del peso mayor (la resistencia) al fulcro en relación con la distancia del peso menor al fulcro (la potencia) en los puntos en que ambos pesos se equilibren.

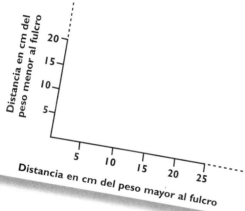

**Anota tus resultados en un gráfico como éste y traza una línea que una los puntos.**

Haz ahora una palanca de segundo género. Esta vez aplicarás la potencia tirando de un elástico atado a la palanca.

Apoya la palanca sobre la regla fija (el fulcro), como se indica en la foto de la izquierda, y ponle un peso encima, cerca del fulcro. Haz un lazo en el elástico y mételo por el otro extremo de la palanca, para elevar el peso. Empieza con el elástico cerca de éste y sube con suavidad la palanca. Mide lo que se estira el elástico (para ello dibuja líneas en los extremos del elástico, y mide la distancia entre ellas antes y después de levantar el peso). Separa el elástico del peso pasándolo a los siguientes espacios entre cerillas y repite las mediciones. Dibuja un gráfico con los alargamientos del elástico y sus distancias al peso. El estiramiento del elástico da idea de la potencia que se necesita. ¿Qué te sugiere este gráfico? Observa lo poco que se mueve el peso (resistencia) en comparación con la potencia.

Para hacer una palanca de tercer género, deja el fulcro donde está y pon el peso en el otro extremo. El elástico debe estar en el centro; sepáralo poco a poco de éste y acércalo al peso. Dibuja un gráfico con los estiramientos del elástico y sus distancias al peso, y compáralo con el de la palanca de segundo género. Observa lo mucho que se mueve el peso (resistencia) en comparación con la potencia. Recuerda que estas palancas multiplican el movimiento, no la potencia.

**Para saber la potencia que necesitas para elevar el peso, mide el estiramiento del elástico.**

# ANÁLISIS
## Apalanca con palanca

La posición del fulcro en relación a la potencia y la resistencia es crucial en todas las palancas que has hecho, y debe evidenciarse en los gráficos. Cuanto más lejos esté la potencia del fulcro, más fácil será vencer la resistencia.

Al subir la palanca de segundo género con el elástico, habrás visto que cuanto más lejos esté el elástico del fulcro, menos se estira: menos potencia se necesita. Cuando está cerca del fulcro, se estira más y se necesita mayor potencia para vencer la resistencia. Es decir, cuanto más se alargan las palancas de primer y segundo género, más fácil es levantar la carga, pero, si se alargaran demasiado, se romperían.

### PALANCAS INTELIGENTES

Las palancas de primer y segundo género convierten una fuerza pequeña en una grande, capaz de mover un peso. En estas palancas, habrás visto que la potencia mueve mucho la palanca y poco la resistencia (el peso). El fulcro transforma la energía de tu esfuerzo en un movimiento pequeño, lo que multiplica la fuerza ejercida sobre la resistencia.

La palanca de tercer género funciona de otra manera. Con la resistencia a un lado y la potencia y el fulcro al otro, la potencia aplicada debe ser mayor (en este caso el fulcro no multiplica la potencia). Habrás notado que el elástico se estiraba más al alejarlo de la resistencia y acercarlo al fulcro.

La ventaja de las palancas de tercer género es que la potencia puede ejercerse con mucho control, lo que es muy útil para tareas delicadas, como comer con palillos o agarrar piezas pequeñas con pinzas.

### EN BUSCA DE PALANCAS

Mira las máquinas cotidianas (recuerda que hay algunas muy simples) y encontrarás palancas. ¿Sabes de qué género son? Algunas máquinas complejas contienen más de una. Si pasas por un edificio en construcción, mira cómo funcionan las máquinas, u observa a los obreros mientras reparan una acera o una carretera. ¿Cómo levantan los adoquines? ¿Ves el fulcro y cómo afecta a la potencia y la resistencia?

Algunas de las mayores palancas se encuentran en los barcos, en los que todo es enorme, hasta las herramientas para repararlos. Por ejemplo, las llaves de tuercas de más de un metro para su motor son palancas.

La carretilla es un tipo de palanca. Esta vendedora de Laos lleva una carretilla para transportar sus pesados productos hasta el mercado.

# LA GRAN POLEA

*Para subir pesos realmente grandes se necesita un dispositivo llamado polea. La polea es una máquina simple que, como la palanca, reduce la fuerza que hay que ejercer para mover una carga.*

Si un peso está atado a una cuerda, es fácil bajarlo tirando de ella porque todo el peso de tu cuerpo puede ayudarte; pero, si tuvieras que subirlo, sólo utilizarías la fuerza de los brazos.

La polea es una máquina simple que convierte la tracción hacia abajo en una tracción hacia arriba, permitiendo alzar la carga (resistencia) con menos esfuerzo (potencia). La disminución de la potencia necesaria para vencer una resistencia se llama ventaja mecánica.

La polea consta de una rueda acanalada por donde pasa una cuerda en cuyos extremos actúan, respectivamente, la resistencia y la potencia. La polea fija se limita a cambiar la dirección de la fuerza.

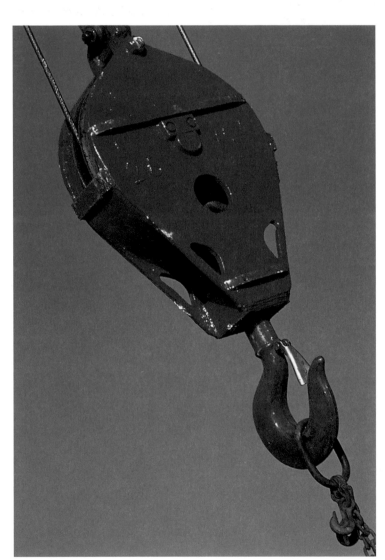

🔘 *Las poleas para uso industrial constan de una rueda cubierta por una carcasa de acero. La carga cuelga de un gancho.*

Si la cuerda pasa por dos o más poleas, móviles y fijas, tenemos un aparejo o sistema de poleas, que multiplica la fuerza ejercida, es decir, que proporciona ventaja mecánica. Sin embargo, para el mismo esfuerzo, la carga se desplaza menos que con la polea fija.

Los sistemas de poleas sólo pueden constar de un número reducido de poleas, ya que, cuantas más se añadan, más energía se pierde por el rozamiento con la cuerda.

Puedes encontrar poleas en muchos sitios, sobre todo en solares en construcción y cerca de almacenes, donde hay muchas cargas que mover. Si observas las grúas que se utilizan en la construcción, comprobarás que contienen sistemas de poleas.

Los diagramas muestran cómo trabajan distintos sistemas de poleas. Recuerda que para obtener la mayor ventaja mecánica de cada sistema, se debe tirar de la cuerda directamente hacia abajo.

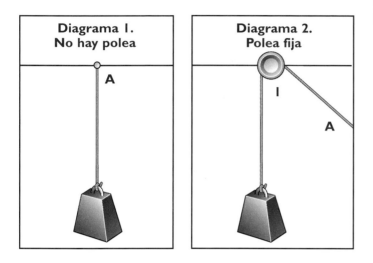

🔵 *Los cables del teleférico de San Francisco se mueven por medio de grandes poleas accionadas por motores.*

## Diagrama 1

No hay ninguna polea. Si levantaras la carga tirando de (**A**), levantarías todo el peso de la carga por ti mismo. No hay ventaja mecánica.

## Diagrama 2

La cuerda pasa ahora por una rueda fija (**1**) y llega a la persona que tira de ella. Al tirar de la cuerda (**A**), la polea cambia la dirección de la fuerza, alzando la carga. Aún no hay ventaja mecánica, pero el cambio de dirección de la fuerza facilita el trabajo.

## Diagrama 3

En este aparejo, la carga cuelga de la polea móvil (**1**), y la polea fija (**2**) está sujeta a la viga. Cuando se tira de la cuerda (**A**), ambas poleas alzan la carga a la vez, lo que duplica el esfuerzo ejercido. Cuesta la mitad subir la carga, pero hay que tirar el doble de la cuerda. Esto proporciona una ventaja mecánica igual a dos.

## Diagrama 4

Este sistema se compone de dos poleas fijas (**3** y **4**) y dos móviles (**1** y **2**). La carga cuelga de las móviles, montadas sobre el mismo eje. La cuerda se ata a la viga, baja a la polea **1**, sube a la **3**, baja a la **2** y sube a la **4**. Cuando se tira de la cuerda (**A**), las poleas alzan la carga a la vez. El esfuerzo ejercido se multiplica por cuatro, es decir, para alzar la carga sólo se necesita ejercer la cuarta parte de la fuerza del Diagrama 2, pero también se multiplica por cuatro la distancia que hay que tirar de la cuerda. La ventaja mecánica de esta polea es igual a cuatro. Para hacer un cálculo rápido de la ventaja mecánica, puedes contar los tramos de cuerda que suben la polea móvil.

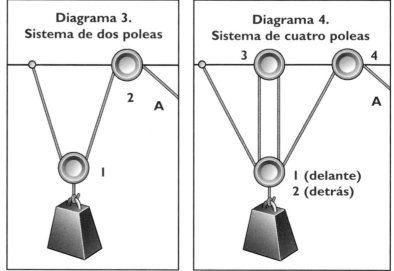

# Subir bajando

## Objetivos

1. **Hacer una polea.**
2. **Reducir la fuerza que habría que ejercer para subir una carga.**

### Vas a necesitar:

- compás
- lápices
- trozo de cartón grueso
- pegamento
- vasos de plástico pequeños
- perforador
- cordel
- palo de madera
- dos sillas
- monedas o arandelas/tuercas metálicas

**1** Empieza por hacer la rueda de la polea. Dibuja con el compás tres círculos sobre el cartón, dos de 5 cm (la distancia entre la punta y el lápiz será de 2,5 cm) y uno de 4 cm (la distancia entre la punta y el lápiz será de 2 cm). Si no tienes cartón grueso, utiliza varios círculos de cartón fino.

**2** Pega los círculos grandes con el pequeño en medio. Pon un peso encima de la rueda hasta que se seque el pegamento.

**3** Dile a un adulto que haga un agujero del diámetro de un lápiz en el centro de la rueda. Mete un lápiz por el agujero.

### Grúa gratis

Los vehículos que se salen de la carretera suelen acabar atascados en el barro. Por eso muchos de ellos llevan incorporado un cabrestante. Cuando es obvio que las ruedas giran en vano, el conductor desenrolla el cable del cabrestante y lo ata a un árbol. El cabrestante, basado en un sistema de poleas accionado por el motor del coche, saca a éste del aprieto.

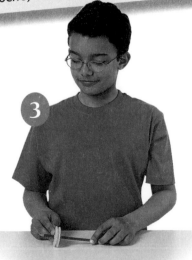

**4** Haz dos agujeros cerca del borde del vaso y ata un trozo corto de cordel entre los agujeros. Prepara igual el otro vaso.

**5** Sujeta el palo entre dos sillas y ata la polea con dos trozos de cordel. Pon un trozo largo de cordel en la polea para que cuelgue por ambos lados y ata un vaso a uno de los extremos.

## Seguridad

*Cortar cartón grueso no es fácil. Si no puedes, pide ayuda a un adulto. Haz los agujeros de los vasos con un perforador; es más seguro.*

**Resolución de problemas**

**¿Qué hago si la polea no gira bien?**

Si la polea no se mueve con suavidad, deberás agrandar un poco el agujero para el lápiz, para que éste pueda girar con más facilidad.

**6** Mete unas monedas o tuercas en el vaso y tira de la cuerda hacia abajo. Observa lo que te cuesta levantar el peso.

**7** Ata el segundo vaso al extremo libre del cordel y echa monedas hasta que suba el otro vaso. Anota el número de monedas de cada vaso.

# SEGUIMIENTO ( Subir bajando )

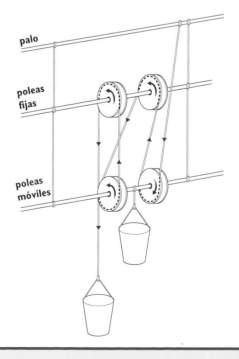

**P**ara montar un sistema de poleas, haz otra como la de la actividad principal, ata un vaso al lápiz como se ve en la foto y ata el conjunto al lápiz de la primera polea. Luego ata un extremo de un trozo largo de cordel al palo, pásalo por la segunda polea (móvil) y después por la primera (fija). Ata otro vaso al final del cordel.

Dibuja una tabla con dos columnas como se indica abajo. Pon cuatro pesas en el vaso de la polea móvil (carga) y escribe el número en la primera columna. Añade pesas una a una al otro vaso (esfuerzo) para subir la carga. Anota las pesas del vaso-esfuerzo en la columna siguiente.

Repite el experimento, añadiendo pesas una a una al vaso-carga. Anota los resultados. ¿Ves algo interesante en el incremento de las cifras de las columnas?

Puedes aumentar la ventaja mecánica añadiendo más poleas a tu sistema. Haz dos ruedas más y deslízalas en los lápices, cerca de las originales; habrá dos ruedas por lápiz. Ata los lápices como antes, y un vaso al lápiz de la polea móvil. Ata un cordel largo al palo y pásalo por las poleas como se indica en la figura. Después ata otro vaso al final del cordel. Repite los experimentos anteriores y dibuja una tabla con las monedas que has necesitado para subir el vaso-carga. ¿Cuál es la ventaja mecánica de este sistema?

| | Vaso I carga | Vaso 2 esfuerzo |
|---|---|---|
| 1ª prueba | 4 pesas | |
| 2ª prueba | | |
| 3ª prueba | | |
| 4ª prueba | | |

Número de monedas

palo

poleas fijas

poleas móviles

## *ANÁLISIS*
### La gran polea

Después de haber realizado el experimento ya tendrás una idea clara de cómo funcionan la polea y los sistemas de poleas.

La polea fija no tiene ventaja mecánica, porque para subir el vaso-carga necesitas poner el mismo número de monedas en el vaso-esfuerzo. De hecho, quizá necesites más monedas, debido al rozamiento. Este tipo de polea resulta muy útil para cambiar la dirección de la fuerza y para alzar el peso tirando de él hacia abajo y no hacia arriba, lo cual cuesta menos, pero no ahorra esfuerzo.

El aparejo da un resultado muy distinto. Habrás subido el vaso-carga añadiendo al otro la mitad de monedas que contenía el vaso-esfuerzo (quizá algo más por el rozamiento). Ésta es una ventaja mecánica de dos. En el sistema de cuatro poleas, sólo habrás echado al vaso-carga la cuarta parte de las monedas del vaso-esfuerzo: la ventaja mecánica es cuatro.

🔵 *Una polea permite a estos excursionistas cruzar la garganta de un río accionando un cabrestante.*

Cada vez que añades monedas al vaso-esfuerzo, creas una fuerza o potencia. La fuerza tira de la cuerda y sube el vaso-carga. La diferencia de potencia que hay que ejercer en la polea fija y en los aparejos se debe a que éstos multiplican la potencia y generan ventaja mecánica.

En el sistema de dos poleas, habrás notado que el vaso baja más o menos el doble de lo que el otro sube. Eso demuestra una relación entre la distancia recorrida por la carga y la potencia que sucede en todas las máquinas simples: se aumenta la potencia a costa de que la carga recorra menos distancia. El sistema de dos poleas duplica la fuerza ejercida, pero la distancia que sube la carga es la mitad de lo que subiría en la polea fija.

Si pasas por un solar en construcción o una dársena, mira los sistemas de poleas: dónde se aplica el esfuerzo, de cuántas poleas constan y qué ventaja mecánica tienen.

## ACTIVIDAD 10
# HUNDIRSE O FLOTAR

*Cuando un cuerpo flota en un líquido o en un gas, es porque el líquido o el gas lo empujan. En esta actividad veremos por qué algunos cuerpos se hunden o caen y otros flotan.*

◀ **Los cuerpos sólo flotan en el agua si tienen menos densidad que ella. Un buceador puede controlar su densidad con un chaleco lleno de aire llamado chaleco de flotabilidad.**

Sabes por qué parecen los cuerpos más ligeros cuando están en el agua. Porque el agua empuja el cuerpo hacia arriba, sirviéndole de apoyo. Esta fuerza de sostén se llama empuje. El empuje de un líquido sobre un cuerpo es igual al peso del agua que el cuerpo desaloja o desplaza. La cantidad de agua que el cuerpo desplaza depende de su densidad: cantidad de materia del cuerpo (masa) con relación a su volumen (tamaño).

Para que un cuerpo flote en el agua, su densidad debe ser menor que la del agua. De otro modo ésta no proporcionaría suficiente empuje para sostenerlo.

Lo entenderás mejor si haces el siguiente experimento. Haz una bola con arcilla de modelar y ponla en un recipiente con agua. La bola se hundirá (**1**) porque es más densa que el agua. Después, da a la bola forma de barco y déjala en la superficie. Esta vez flotará (**2**). Aunque

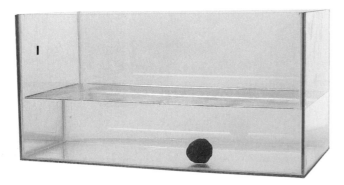

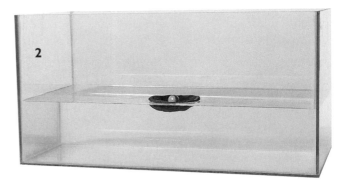

🔹 *El aire caliente de estos globos es menos denso que el aire frío que los rodea, por eso se elevan.*

propio peso, hacia abajo, y el empuje del agua, en dirección contraria. Vio también que cuanta más agua desplazaba un objeto, más fuerte era el empuje del agua.

Los cuerpos también pueden flotar en los gases. Los globos llenos de helio flotan porque el helio es un gas muy ligero (de mucha menos densidad que el aire). Con estos globos se elevan equipos científicos a la atmósfera para medir la contaminación. Los globos de aire caliente suben y flotan porque el aire de su interior se expande al calentarse, perdiendo densidad (el piloto enciende un quemador para calentarlo). Si ese aire se enfriara, ganaría densidad, y el globo caería.

la arcilla es más densa que el agua, el barco está hueco: es una combinación de arcilla y aire que, en conjunto, es menos densa que el agua. Si pones canicas sobre tu barco, la densidad combinada de éste y las canicas será mayor que la del agua y lo hundirá.

## GENIALIDAD EN REMOJO

El científico griego Arquímedes (287-212 a. C.) descubrió que el empuje del agua sobre un cuerpo flotante o sumergido es igual al peso del agua desplazada por el cuerpo. Se dice que lo descubrió al darse un baño y ver que el agua se desbordaba, y que su alegría le hizo correr desnudo por los baños públicos, gritando: ¡Eureka! (¡Lo encontré!). Buscaba la forma de saber si la corona del rey tenía todo el oro que éste había dado a un orfebre, y demostró que el rey había sido estafado.

Arquímedes observó que, cuando un cuerpo estaba en el agua, le afectaban dos fuerzas: su

## ¿Cuánto se puede hundir?

Un barco pesado flota porque desplaza una cantidad de agua tan pesada como él mismo (**1**), y esto crea empuje, la fuerza que lo mantiene a flote. Sin embargo, si un barco se sobrecargase (**2**), pesaría demasiado, sería demasiado denso y se hundiría. Todos los barcos tienen una línea en el casco que indica al capitán hasta dónde puede llegar el agua. Esa línea se llama de máxima carga.

# El peso del agua

**ACTIVIDAD**

## Objetivos

1. **Demostrar que, cuando un cuerpo se sumerge en el agua, desplaza agua.**
2. **Comparar el peso del agua desplazada con el peso del cuerpo.**

### Vas a necesitar:

- *arcilla de modelar*
- *báscula con recipiente o recipiente separado*
- *botella grande de plástico (de algún refresco)*
- *tubo de plástico*

## Seguridad

Ten cuidado al hacer agujeros en los recipientes de plástico; es mejor que le pidas a un adulto que los haga.

**1** Coloca el recipiente sobre la báscula y pon la aguja en el cero. Haz una bola de arcilla y pésala.

**2** Pide a un adulto que corte la parte superior de la botella y haga un agujero a media altura. Mete un trozo de tubo por el agujero.

**3** Pega un aro de arcilla a la unión entre tubo y agujero para evitar fugas de agua.

### Doble densidad

Los submarinos suben y bajan cambiando su densidad. Para hacer esto, se construyen con dos cascos, uno dentro del otro. El casco principal está siempre lleno de aire y es la parte del submarino que contiene la tripulación, los motores y el equipo. El otro casco, el exterior, puede llenarse de aire o de agua. Si se llena de agua, el submarino adquiere la densidad necesaria para hundirse. Si el agua se reemplaza con aire, que se almacena comprimido en tanques, el submarino sube a la superficie.

**4** Pon el recipiente debajo del tubo para recoger el agua desalojada. Vierte agua en la botella hasta que alcance la parte inferior del tubo (sin que salga por él).

**5** Mete la bola de arcilla en la botella. El agua saldrá por el tubo y caerá al recipiente.

**6** Pesa el recipiente con el agua. Como antes has puesto la aguja a cero con el recipiente sobre la báscula, ahora sólo marcará el peso del agua. Repite el experimento con otros objetos (algunos que floten y otros que se hundan).

# *SEGUIMIENTO* Densidad del buceador

**H**az otro experimento para ver cómo puedes hundir o hacer que flote un objeto cambiando su densidad. Necesitarás:

- *capuchón de plástico de un bolígrafo*
- *arcilla de modelar*
- *agua*
- *vaso*
- *botella de plástico de un litro*

**1** En primer lugar, debes hacer un capuchón buzo. Los capuchones de bolígrafo suelen tener un agujerito en la parte superior: tápalo con un poco de arcilla de modelar.

Ahora, pon un trozo mayor de arcilla en el clip del capuchón, sólo lo necesario para que se mantenga a flote en vertical (pruébalo en un vaso con agua, añadiendo arcilla de forma paulatina).

El capuchón tiene una pequeña burbuja de aire atrapada en su interior, así que es menos denso que el agua. Si le añades más arcilla de modelar, más densa que el agua, aumentarás la densidad del capuchón.

**2** Llena la botella de plástico con agua, mete el capuchón buzo y enrosca la tapa.

**3** Agarra la botella con las dos manos y apriétala con fuerza. ¿Qué le pasa al buceador? Cuando comprimas la botella, el capuchón buzo debería hundirse.

**4** Cuando dejes de apretar la botella, el capuchón buzo volverá a subir. Si no se mueve, ponle un poco más de arcilla.

Pon un poco de arcilla en el agujerito superior

**3**

Y arcilla suficiente para que flote en vertical

**4**

# ANÁLISIS
## Hundirse o flotar

Observa con atención tus resultados de la actividad principal. ¿Qué ocurre con el peso del cuerpo y el peso del agua que desaloja? Habrás visto que son casi iguales. Puedes trazar un gráfico con tus resultados, en el que se refleje el peso de los objetos en el eje horizontal y el del agua en el vertical. Al unir los puntos, debería salirte una diagonal. En todos los casos, el peso del agua desplazada ha de ser igual al del objeto sumergido.

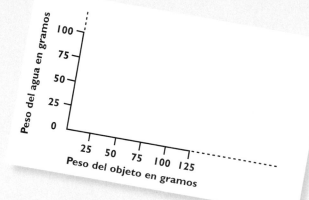

Cuando un cuerpo flota, sólo parte de él está sumergido, sólo esa parte sumergida desaloja o desplaza agua. Sin embargo, la cantidad de agua desplazada sigue siendo igual al peso total del cuerpo. Cuando se bota un barco, se hunde en el mar hasta que el peso del agua que desplaza iguala su propio peso.

### CAPUCHÓN BUZO

¿Por qué se hunde el buzo cuando aprietas la botella? Porque, al apretarla, comprimes el agua, que, a su vez, comprime el aire del interior del capuchón, haciéndolo más denso.

Muchos peces cambian su densidad de un modo similar. Dentro del pez hay un saco lleno de aire llamado vejiga natatoria. Cuando el pez quiere descender, comprime la vejiga, haciéndose más denso. Cuando deja de comprimirla, pierde densidad y sube.

## Agua flotante

Al enfriarse, el agua gana densidad. Si estás nadando en el mar o en un lago, sientes que hace más frío por debajo. Esa agua es más profunda porque está más fría. Encima de ella flotan corrientes más cálidas que producen cambios en la temperatura y la presión del aire. Los seres marinos de agua cálida las utilizan para migrar entre zonas de agua más fría. En algunos casos, las corrientes marinas cálidas también provocan cambios en el terreno. Por ejemplo, aunque Inglaterra está en el norte, sus temperaturas son suaves debido a los vientos que llegan a tierra caldeados por la corriente del Golfo.

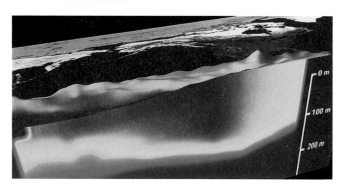

**Las corrientes oceánicas cálidas flotan sobre aguas más frías y densas, como demuestra esta sección transversal del océano Pacífico.**

# GLOSARIO

**aceleración:** variación de la velocidad (magnitud, dirección o ambas cosas) por unidad de tiempo.

**amplitud:** valor máximo de una variable en un fenómeno oscilatorio. La amplitud de un péndulo es lo que se aleja de su punto de reposo.

**carga:** fuerza contra la que actúa una máquina. Se llama también resistencia.

**compresión:** fuerza o presión que se ejerce sobre algo.

**deceleración:** cambio en la velocidad (magnitud, dirección o ambas cosas) por unidad de tiempo en un cuerpo que se para.

**densidad:** masa de un cuerpo por unidad de volumen.

**empuje:** fuerza hacia arriba que ejerce un líquido o un gas sobre un cuerpo. Si es mayor que el peso del cuerpo, éste flotará.

**energía:** capacidad para realizar un trabajo. Hay muchos tipos, como cinética, potencial, calorífica, nuclear, química o eléctrica.

**energía cinética:** energía que posee un cuerpo debido a su movimiento. Puede transformarse en otras formas de energía, si el cuerpo se desacelera o se para. Por ejemplo, los saltos de agua pueden generar electricidad.

**energía potencial:** energía que posee un cuerpo debido a su posición. Por ejemplo, una persona sentada tiene energía potencial gravitacional porque puede saltar, transformando la energía potencial en cinética.

**esfuerzo:** fuerza que actúa sobre una máquina para mover una carga. Se llama también potencia.

**estabilidad:** tendencia de un cuerpo a quedarse en una posición o a seguir moviéndose en la misma dirección.

**flexión:** combinación de fuerzas de compresión (en la cara superior) y de tracción (en la cara inferior) que afectan a una pieza horizontal apoyada en los extremos, como una viga o un puente viga.

**frecuencia:** número de veces por segundo que un proceso se repite a sí mismo.

**fuerza:** causa capaz de modificar el estado de movimiento o de reposo de un cuerpo, o de deformarlo.

**fulcro:** punto de apoyo de la palanca.

**giroscopio:** disco rotatorio que gira en todas direcciones al ir montado sobre un eje libre.

**gravedad:** fuerza de atracción entre dos o más cuerpos. Apenas se nota en los cuerpos pequeños, pero los grandes, los planetas y las estrellas, atraen con fuerza los cuerpos cercanos.

**inercia:** resistencia de un cuerpo a cambiar su velocidad. Cuanto mayor sea la masa de un cuerpo, mayor será su inercia.

**máquina:** dispositivo que cambia la magnitud o la dirección de la fuerza ejercida para realizar una tarea.

**máquina de movimiento continuo:** máquina que funciona eternamente sin suministro de energía. Una máquina así es imposible.

**masa:** magnitud que expresa la cantidad de materia de un cuerpo. Cuanto mayor sea la masa, más se resiste el cuerpo a cambiar su velocidad y con más fuerza atrae a otros cuerpos.

**momento lineal**: tendencia de un cuerpo a seguir moviéndose. Es igual a la masa del cuerpo multiplicada por su velocidad. También se denomina cantidad de movimiento.

**momento angular**: tendencia de un cuerpo a seguir rotando (girando alrededor de su eje). Es igual al momento de inercia del cuerpo multiplicado por su velocidad angular.

**momento de inercia**: resistencia que un cuerpo en rotación opone al cambio de su velocidad (o dirección). Depende de la masa y la forma del cuerpo.

**órbita**: trayectoria recorrida por un cuerpo como un planeta o un satélite alrededor de otro por efecto de la gravedad que éste ejerce sobre él.

**palanca**: barra que al girar sobre un fulcro mueve una carga.

**péndulo**: objeto que cuelga de un punto fijo y oscila libremente.

**periodo**: tiempo que tarda un proceso cíclico en repetirse a sí mismo; por ejemplo, el tiempo que tarda un péndulo en dar una oscilación.

**peso**: atracción que ejerce la Tierra sobre una masa determinada, o fuerza que ejerce un cuerpo hacia abajo debida a la gravedad.

**polea**: máquina que consta de una rueda que gira sobre su eje y una cuerda que pasa por ella. Una persona puede levantar un peso situado en un extremo de la cuerda tirando del otro extremo. El sistema de poleas consta de una cuerda y varias ruedas, y concede una ventaja mecánica superior a 1, es decir, el peso que se levanta es superior al esfuerzo que se ejerce.

**precesión**: movimiento circular lento de un giroscopio o una peonza que rotan a toda velocidad.

**relatividad**: teoría creada por Albert Einstein a principios del siglo XX, que demuestra que el espacio y el tiempo son distintos para diferentes observadores, según la velocidad de movimiento de éstos últimos. Y además, que la velocidad de la luz en el vacío es la misma para todos los observadores, y que nada puede viajar más rápido que ella.

**rendimiento**: relación entre la energía útil que proporciona una máquina y la energía que se le suministra.

**resistencia al avance**: fuerza que disminuye la velocidad de cuerpos que se mueven a través de un líquido o un gas.

**resonancia**: vibración provocada por otra vibración. Por ejemplo, si cerca de un piano se toca una nota en otro instrumento, las cuerdas del piano suenan, o resuenan.

**rozamiento**: fuerza entre dos cuerpos en contacto que se opone al deslizamiento de uno sobre otro.

**teoría cuántica**: teoría que describe la existencia y el comportamiento de las partículas subatómicas.

**torsión**: retorcimiento de un cuerpo debido a la aplicación sobre él de fuerzas opuestas y de igual magnitud que no actúan en línea.

**trabajo**: energía transferida cuando una fuerza mueve un cuerpo en la dirección de la fuerza.

**tracción**: fuerza que estira un cuerpo.

**velocidad**: variación de la posición de un cuerpo por unidad de tiempo. Además de la magnitud (distancia recorrida por unidad de tiempo), la velocidad indica la dirección y el sentido del movimiento, ya que es un vector.

**velocidad angular**: ángulo descrito en la unidad de tiempo por el radio de un cuerpo que rota.

**ventaja mecánica**: relación entre la carga movida por una máquina y el esfuerzo ejercido.